Seethaler | Der Trafikant

Lektüreschlüssel XL

für Schülerinnen und Schüler

Dieses Buch wurde klimaneutral gedruckt.

Alle CO_2-Emissionen, die beim Druckprozess unvermeidbar entstanden sind, haben wir durch ein Klimaschutzprojekt ausgeglichen, das sich für den Regenwaldschutz in Papua-Neuguinea einsetzt.

Nähere Informationen finden Sie hier:

Klimaneutral
Druckprodukt
ClimatePartner.com/14058-1912-1001

Robert Seethaler

Der Trafikant

Von Jan Standke

Reclam

Dieser Lektüreschlüssel bezieht sich auf folgende Textausgabe:
Robert Seethaler: *Der Trafikant*. 19. Aufl. Zürich/Berlin:
Kein & Aber, 2016.

Lektüreschlüssel XL | Nr. 15475
2018 Philipp Reclam jun. Verlag GmbH,
Siemensstraße 32, 71254 Ditzingen
Druck und Bindung: Kösel GmbH & Co. KG,
Am Buchweg 1, 87452 Altusried-Krugzell
Printed in Germany 2020

ISBN 978-3-15-015475-5

Auch als E-Book erhältlich

www.reclam.de

Inhalt

1. Schnelleinstieg 7

2. Inhaltsangabe 12

Aufbruch aus der Heimat 12
Wien: Arbeit, Freundschaft und Liebe 14
Verschärfung des nationalsozialistischen Terrors 19
Abschiede und Erwachsenwerden 23

3. Figuren 26

Hauptfiguren 26
Nebenfiguren 49

4. Form und literarische Technik 59

Gattung 59
Textstruktur und Erzählweise 65
Bildlichkeit und Symbolstruktur 71
Sprache 74

5. Quellen und Kontexte 76

Sigmund Freud und die Psychoanalyse 76
Gesellschaftlich-politische Situation in Österreich 1937/38 80

6. Interpretationsansätze 86

Erzählte Adoleszenz 86
Erzählte Liebe und Sexualität 101

7. Autor und Zeit 106

8. Rezeption 113

9. Wort- und Sacherläuterungen 124

10. Prüfungsaufgaben mit Lösungshinweisen 128

11. Literaturhinweise/Medienempfehlungen 136

12. Zentrale Begriffe und Definitionen 139

1. Schnelleinstieg

Autor	Robert Seethaler, geb. am 7. August 1966 in Wien
Erscheinungsjahr	2012
Gattung	Adoleszenzroman
Ort und Zeit der Handlung	Erzählt wird die Geschichte Franz Huchels zwischen Spätsommer 1937 und dem 7. Juni 1938. Die Schauplätze sind Nußdorf am Attersee im Salzkammergut und Wien. Der Roman endet nach einem Zeitsprung am 12. März 1945.
Aufbau	Der Roman ist nicht in Kapitel unterteilt, lässt sich aber inhaltlich in mehrere Erzählabschnitte gliedern.
Erzählperspektive	Die Romanhandlung wird hauptsächlich aus der personalen Sicht Franz Huchels erzählt. Die Erzählperspektive wechselt jedoch mehrmals zur Sicht anderer Figuren, außerdem finden sich wiederholt Kommentare eines auktorialen Erzählers.
Historischer Hintergrund	Die Romanhandlung spielt sich vor dem Hintergrund des politischen und gesellschaftlichen Aufstiegs des nationalsozialistischen Faschismus in Österreich und des Anschlusses an Deutschland im Jahr 1938 ab. Wichtige Daten und Personen der realen politischen Ereignisse und Entwicklungen finden im Roman Erwähnung.

Ein Jahr aus dem Leben Franz Huchels

Der Trafikant erzählt von ca. einem Jahr im Leben des zu Beginn des Romans 17-jährigen Franz Huchel. Im Jahr 1937 verlässt Franz, dessen Vater bereits vor seiner Geburt verstarb, seine beschauliche Heimat im österreichischen Nußdorf am Attersee im Salzkammergut. Auf Drängen seiner Mutter beginnt er in Wien eine Lehre bei ihrem ehemaligen Liebhaber, dem kriegsversehrten Trafikanten Otto Trsnjek. Die Reise nach Wien bedeutet für Franz den Beginn einer Entwicklung vom naiven Landbuben zum selbstbewussten jungen Mann.

Erwachsenwerden in der Metropole

Die Bedingungen des Erwachsenwerdens, die Franz bei seiner Ankunft in Wien vorfindet, stellen für ihn aber zunächst eine regelrechte Überforderung dar: Der ohrenbetäubende Straßenverkehr, die üblen Gerüche der Kanalisation und das brodelnde Leben der Großstadt sind dem Jungen ebenso fremd wie die angespannten politischen Debatten, die sich unter dem zunehmenden Druck der Nationalsozialisten in Österreich und Deutschland zusehends verschärfen.

Zwischen Zeitungen und Zigarren

Orientierung findet Franz in Otto Trsnjeks Tabak- und Zeitungs-Trafik, die für ihn zum Bildungs- und Entwicklungsraum wird. Hier beobachtet er den bunten Mikrokosmos der Wiener Gesellschaft: Hausfrauen, Beamte oder Arbeiter jüdischen wie nichtjüdischen Glaubens gehen in der Trafik ein und aus. Auch der berühmte Professor Sigmund Freud, der für seine Forschungen zur Psyche des Menschen bereits weit über Österreich und Deutschland hinaus berühmt ist, kauft in Trsnjeks Trafik seine Zigarren. Als sich Franz

Hals über Kopf in die sinnliche Böhmin Anezka verliebt, wird Freud zum wichtigen Gesprächspartner und Ratgeber des in Liebesdingen hin- und hergerissenen Knaben.

Auf je eigene Weise setzen Freud und Trsnjek bei dem Trafikantenlehrling Entwicklungsprozesse in Gang, die ihn wie im Zeitraffer alle Höhen und Tiefen des Erwachsenwerdens durchleben lassen. Als sich die politische Situation in Wien weiter zuspitzt, bleiben auch Trsnjek, Franz und Freud nicht von den Konsequenzen der nationalsozialistischen Machtergreifung verschont: Weil er jüdische Kunden bedient, wird Trsnjek von der Gestapo festgenommen und verstirbt in der Haft; als Jude muss Sigmund Freud mit seiner Familie Österreich in Richtung England verlassen. Zurück bleibt der um zwei wichtige Bezugspersonen beraubte Franz, der aber als mittlerweile gereifter junger Mann die Trafik selbständig weiterführt und schließlich sogar gegen das Naziregime aufbegehrt.

Robert Seethaler illustriert in seinem Roman das Panorama einer Gesellschaft, deren Fall in eine der dunkelsten Phasen ihrer Geschichte schon nicht mehr zu stoppen ist. Die menschenverachtende Ideologie der Nazis, die der Roman erzählerisch eindringlich vermittelt, wird das kollektive Gedächtnis der Weltgesellschaft noch über Generationen hinweg prägen.

■ Gesellschaftspanorama

Der Trafikant zeichnet die unmittelbare Vorgeschichte dieser Katastrophe am historischen Schauplatz Wien nach und verknüpft dabei den ›Lebensro-

Historische Aspekte

man‹ des fiktiven Franz Huchel mit zeit-, gesellschafts- und kulturgeschichtlichen Aspekten des frühen 20. Jahrhunderts. Der Roman ist somit Vieles zugleich: Adoleszenzroman mit Blick auf die Prozesse des Erwachsenwerdens Franz Huchels; zeitgeschichtliches Panorama bezüglich der im Text vermittelten realgeschichtlichen Ereignisse und Personen; literarische Wissens- und Kulturgeschichte, indem der alte Sigmund Freud für den jungen Franz nicht nur väterlicher Freund, sondern auch Wegweiser für die psychologische Erkundung des eigenen Selbst ist.

Gutes Leben

Vor allem aber handelt dieser historische Adoleszenzroman von der Möglichkeit eines ›guten Lebens‹ in Zeiten des gesellschaftlich-moralischen Niedergangs. Dass Franz für sein ›gutes Leben‹ schließlich einen hohen Preis bezahlt – er wird selbst von der Gestapo verhaftet und findet wahrscheinlich dasselbe Schicksal wie vor ihm Otto Trsnjek –, tut der erzählerischen Leichtigkeit des Romans keinen Abbruch. Dadurch hebt sich *Der Trafikant* von der Menge thematisch vergleichbarer Romane ab,[1] die sich der Jugend und dem Erwachsenwerden in der Zeit des Nationalsozialismus widmen. Selten zuvor wurde in diesem literarischen Genre über das Schwere so leicht erzählt.

Zwei Enden

Konsequenterweise hat Seethalers Roman auch zwei Enden, die die ›kleine‹ Geschichte Franz Huchels und die ›große‹ Zeitgeschichte noch einmal nebeneinanderstellen. Ganz am Schluss, sieben Jahre nach

1 Siehe zum Beispiel: Johannes Herwig, *Bis die Sterne zittern. Roman*, Hildesheim 2017.

Franz' Verhaftung, setzen auf Wien vorrückende alliierte Bomberverbände den dröhnenden Schlusspunkt nicht nur der literarischen Erzählung, sondern weisen auch auf das nahende Kriegsende voraus. Kurz vor seiner Verhaftung inszeniert Franz jedoch sein ganz eigenes Finale: An einem Fahnenmast vor der Gestapo-Zentrale, in der Trsnjek ums Leben kam, hisst er nachts die Hose des beinamputierten Trafikanten, die ihm nach dessen Tod ausgehändigt wurde. Und für kurze Zeit flattert vor dem Gestapogebäude eine einbeinige Hose im Wind, »[w]ie ein riesiger Zeigefinger, der den Leuten einen Weg weist«. (S. 242)

2. Inhaltsangabe

Der Roman erzählt weitgehend chronologisch die Geschichte des 17-jährigen Franz Huchel, der im Spätsommer des Jahres 1937 seine Heimat im Salzkammergut verlässt. In Wien beginnt er eine Lehre in der Tabaktrafik Otto Trsnjeks und wird ca. ein Jahr später, am 7. Juni 1938, von der Gestapo verhaftet. Nach einem Zeitsprung endet die Romanhandlung am 12. März 1945. Die Chronologie des Geschehens wird stellenweise von Rückblenden unterbrochen, in denen sich Franz an Ereignisse in seiner Kindheit erinnert.

Aufbruch aus der Heimat

Der Roman beginnt mit der Schilderung eines »ungewöhnlich heftige[n] Gewitter[s]«, das an »einem Sonntag im Spätsommer des Jahres 1937« über das österreichische Salzkammergut zieht (S. 7). Hier führt der 17-jährige Franz Huchel mit seiner Mutter ein beschauliches Leben in einem kleinen Fischerhaus in Nußdorf am Attersee. Die Mutter hat ihren Sohn alleine großgezogen, da der Vater noch vor Franz' Geburt ums Leben kam (S. 172). Finanzielle Unterstützung bezieht sie von dem vermögenden Geschäftsmann Alois Preininger, mit dem sie eine sexuelle Affäre unterhält. Preiningers monatliche »Liebesgroßzügigkeit« in Form eines »nicht unerheblichen Betrag[s]« ermöglicht auch Franz ein angenehmes Le-

■ Franz Huchels Heimat

ben, ohne in den »Salzstollen [...] ein kärgliches Auskommen« verdienen zu müssen (S. 11 f.).

Doch Preininger wird vom Blitz erschlagen, als er während des »heftige[n] Gewitter[s]« im See badet. Ohne seine finanziellen Zuwendungen ändern sich die sorgenfreien Lebensumstände für Franz und seine Mutter. Am Tag von Preiningers Begräbnis entscheidet die Mutter deshalb, dass Franz in Wien eine Lehre in der Tabaktrafik ihres ehemaligen Liebhabers Otto Trsnjek beginnen soll. Franz, der zuvor erst zweimal in Begleitung das Salzkammergut verlassen hat, bricht am Morgen nach der Beerdigung alleine mit dem Frühzug nach Wien auf. Die Zugfahrt wird durch eine auf den Gleisen verendete Kuh kurzzeitig gestoppt.

■ Veränderungen

Bei seiner Ankunft in Wien ist Franz von den Eindrücken der Großstadt überwältigt. Als er die Bahnhofshalle verlässt, wird ihm schlecht, und er muss sich an einem Laternenmast abstützen. Das hektische Treiben in der Stadt erscheint ihm wie der brodelnde »Gemüsetopf auf Mutters Herd« (S. 20). Besonders fällt ihm auch der üble Gestank auf der Straße auf. Eine kleine Dame erklärt, der schlechte Geruch sei ein Zeichen der »[f]aulige[n] Zeiten« (S. 21) und rät Franz, besser schnell nach Hause zurückzukehren. Der ignoriert die Warnung jedoch und macht sich auf den Weg zu Trsnjeks Trafik in der Währingerstraße im 9. Wiener Bezirk.

■ Ankunft in Wien

Dort angekommen, lernt Franz Otto Trsnjek kennen – einen älteren Mann, dessen linkes Bein wegen einer Kriegsverletzung im Ersten Weltkrieg bis zum

■ Otto Trsnjeks Trafik

Oberschenkel amputiert ist. Trsnjek, der sein Zeitungs- und Tabakgeschäft mit Leib und Seele führt, weist Franz in die »Geheimnisse des Trafikantenlebens« (S. 24) ein. Franz zukünftige Aufgaben bestehen in der Beratung der Kunden sowie im Verkauf verschiedener Tabakprodukte, Zeitungen und Zeitschriften. Als Wohn- und Schlafplatz wird Franz eine kleine Lagerkammer hinter dem Verkaufsraum zugewiesen.

Wien: Arbeit, Freundschaft und Liebe

Arbeitsalltag in der Trafik

In den ersten Wochen verbringt Franz seine Vormittage, indem er Zeitungen liest, sich mit den verschiedenen Zigarrensorten beschäftigt und die Kundschaft der Trafik kennenlernt. Diese setzt sich aus ganz verschiedenen Bevölkerungsteilen zusammen und vermittelt Franz ein Bild der Wiener Gesellschaft. Zum Warensortiment der Trafik gehören außerdem die »Zärtlichen Magazine« (S. 33), die nur auf Nachfrage der männlichen Kunden von Trsnjek unter der Verkaufstheke hervorgeholt werden. Seiner Mutter sendet Franz jede Woche eine Ansichtskarte mit touristischen Motiven aus Wien, die diese regelmäßig beantwortet.

Sigmund Freud

Anfang Oktober 1937 lernt Franz in der Trafik den Psychoanalytiker Sigmund Freud kennen, der ihm bereits unter der Bezeichnung »Deppendoktor« bekannt ist (S. 36–38). Von Trsnjek erfährt Franz, dass der Professor als Jude von den politischen Entwicklungen bedroht sei. Franz, der in Nußdorf noch nie einem Juden begegnet ist, kann diesen Antisemitismus nicht begreifen. Da Freud seinen Hut in der Trafik vergessen hat, läuft Franz ihm nach und begleitet ihn bis zur Berggasse 19. Auf dem Weg erkundigt sich Franz, wie Freuds Psychotherapien im Detail ablaufen. Freud rät ihm, sich lieber ein Mädchen zu suchen, statt über das Wesen der Psychoanalyse nachzudenken.

Gleich am folgenden Samstag fährt Franz zum Wiener Prater, um den Ratschlag des Professors in die Tat umzusetzen und sich auf die Suche nach einem »passenden Mädchen[ ]« (S. 47) zu machen. Nach seiner Ankunft irrt er zunächst mit kindlicher Begeisterung, aber auch mit Heimweh durch das bunte Treiben. Schließlich trifft Franz auf die Böhmin Anezka (Name und Alter erfährt Franz erst später), in die er sich sofort verliebt. An einer Schießbude spürt er erstmals die sexuelle Erregung, die Anezka fortan bei ihm hervorrufen wird. Nachdem sie im »Schweizerhaus« gemeinsam gegessen und getanzt haben, missversteht Franz Anezkas zweideutige Frage » – und was machen jetzt?« (S. 56 f.). Ungläubig über Franz' Naivität verlässt Anezka heimlich den Prater. Tief enttäuscht kauft Franz von seinem übrigen Geld eine Karte für das Riesenrad und fährt die letzte Runde des Abends.

■ Franz verliebt sich

Am nächsten Morgen wird Franz vom lautstarken Streit zwischen Trsnjek und dem Fleischermeister Roßhuber, der neben der Trafik sein Geschäft führt, geweckt. Trsnjek beschuldigt seinen Nachbarn, an das

■ Angriff auf die Trafik

Schaufenster der Trafik mit Tierblut »Schleich dich, Judenfreund!« geschrieben und an die Mauer einen »Arsch mit Ohren« (S. 61) gezeichnet zu haben. Wütend beschimpft er Roßhuber als Nazi und wirft den umstehenden Menschen vor, nur untätig zuzusehen, wenn sich jemand offenkundig schuldig mache.

Franz' Liebeskummer

Die Wochen nach diesem Vorfall sind für Franz von sehnsüchtigen Gedanken an Anezka bestimmt. Vergeblich sucht er beim Prater nach ihr; nachts liegt er wach oder träumt wild. Mit nächtlichen Spaziergängen versucht er sich abzulenken. Als sich seine Situation nicht bessert und auch Trsnjek seinem Lehrling in Liebesdingen nicht weiterhelfen kann, wartet Franz vor Freuds Wohnung auf einer Bank, bis dieser schließlich herauskommt und mit ihm spricht.

Freuds drei Rezepte

Franz berichtet von seinem unglücklichen Zustand, woraufhin ihm Freud rät, erstens, nicht mehr über die Liebe nachzudenken, zweitens, seine Träume aufzuschreiben und drittens, das Mädchen entweder zurückzugewinnen oder sie zu vergessen (S. 78).

Franz sucht Anezka

Über die Weihnachtstage 1937 schließt Trsnjek die Trafik und besucht seine Großcousine in Potzneusiedl. Franz verbringt die Feiertage mit einer fiebrigen Erkältung im Bett, die zum Jahresende auskuriert ist. Am Neujahrstag besucht er erneut den Wiener Prater und erkundigt sich beim Ober im »Schweizerhaus« nach Anezka. Nach einigen Handgreiflichkeiten und Bestechungsmaßnahmen erhält Franz vom Ober schließlich die Adresse, an der sich Anezka aufhalten könnte.

In der Rotensterngasse findet Franz das vom Ober beschriebene Haus, das einer »abrissreifen Ruine« (S. 87) gleicht. Anezka sitzt in einem der Zimmer, zusammengedrängt mit 30 weiteren Frauen. Franz lädt sie zum Essen in ein Wirtshaus ein.

Anezkas Unterkunft

Franz erfährt endlich den Namen der drei Jahre älteren Böhmin, die in Wien ohne behördliche Genehmigung als Kindermädchen, Köchin oder Haushaltshilfe arbeitet. Auf dem Weg ins Wirtshaus berichtet Franz Anezka überschwänglich vom Salzkammergut. Nachdem die beiden ausgiebig gegessen haben, kommt es in der Schlafkammer der Trafik zur ersten intimen Annäherung zwischen ihnen. Doch Franz' Liebe und sein nun noch tiefer entfachtes körperliches Verlangen werden abermals enttäuscht. Als er Anezka an den folgenden Abenden in ihrem Zimmer besuchen möchte, trifft er die Geliebte nicht an. Wieder leidet Franz an schwerem Liebeskummer und durchlebt wirre Träume, die er – dem Rat Professor Freuds folgend – gelegentlich nach dem Aufwachen notiert. Erst Wochen später klopft Anezka unerwartet an Franz' Kammer, verbringt die Nacht mit ihm und ist am nächsten Morgen schon wieder verschwunden.

Intime Annäherung

Da Franz Anezka trotz aller Anstrengungen auch in der folgenden Zeit nicht vergessen kann, sucht er erneut die Rotensterngasse auf. Dort wartet er, bis Anezka das Haus verlässt. Ungesehen folgt er ihr, bis sie in einer Seitengasse das kleine Lokal »Zur Grotte« betritt (S. 99). Neugierig kauft Franz eine Eintrittskarte für das dort stattfindende Programm, bei dem

Anezka als aufreizende Tänzerin

zunächst ein politisches Kabarett und eine Hitler-Parodie geboten werden. Es folgt der Auftritt der schönen Indianerin N'Tschina, die aufreizend zu exotischer Musik vor dem männlichen Publikum tanzt und sich schließlich entblößt.

Franz stellt Anezka zur Rede

Franz erkennt schon an den »Kniekehlen«, dass es sich bei der Tänzerin (S. 107) um Anezka handelt und verlässt noch während des Auftritts schockiert den Raum. Vor dem Lokal wartet er auf Anezka, um sie zur Rede zu stellen. Als sie schließlich mit dem Conférencier Heinzi das Lokal verlässt, springt Franz aus seinem Versteck hervor. Anezka schickt Heinzi weg, und Franz fragt eifersüchtig und mit wachsender Wut darüber, dass er von Anezka wiederholt »Burschi« genannt wird, ob sie nun zu dem Conférencier gehöre. Anezka erklärt, zu niemandem zu gehören, nicht einmal zu sich selbst (S. 113). Franz erscheint sein Wutausbruch nun lächerlich. Anezka küsst ihn auf die Stirn und verlässt die Gasse. Franz hebt einen toten Nachtfalter auf und wickelt ihn in ein Taschentuch. Seiner Mutter schreibt Franz am nächsten Tag, dass er seine Abreise ins Salzkammergut geplant, sich aus Verantwortungsgefühl Trsnjek und Freud gegenüber jedoch dazu entschieden habe, in Wien zu bleiben.

Therapiesitzung bei Freud

Nach einer Therapiesitzung mit der esssüchtigen Mrs. Buccleton denkt Freud über die aktuellen politischen Ereignisse nach. Am Tag zuvor hat der österreichische Bundeskanzler Kurt Schuschnigg angekündigt, eine Volksabstimmung über die Unabhängigkeit seines Landes durchführen zu wollen. Freud erwartet mit Besorgnis die sich daraus ergebenden politischen Konsequenzen. Freuds Tochter Anna teilt ihrem Vater mit, dass Franz wieder auf der Bank vor der Wohnung auf ihn warte. Entgegen ihrer Warnung, dass ihr Vater als Jude nun nicht mehr aus dem Haus gehen solle, unternimmt Freud mit Franz einen Spaziergang in den Volksgarten.

- Spaziergang im Volksgarten

Auf der Straße begegnen Franz und Freud viele Anzeichen für die Ausbreitung des Nationalsozialismus in der Wiener Gesellschaft. Sie nehmen im Volksgarten auf einer freien Bank Platz, und Freud raucht eine Zigarre, die ihm Franz aus der Trafik mitgebracht hat. Freud erkundigt sich nach Franz' Beziehung zu Anezka, woraufhin dieser von seinem körperlichen Verlangen und dem Liebeskummer berichtet. Der Professor erklärt Franz den Unterschied zwischen Liebe und Libido und rät: »Du musst deinen eigenen Kopf bemühen. Und wenn dir der keine Antworten gibt, frag dein Herz!« (S. 141). Franz nimmt Freuds rätselhaften Hinweis zum Anlass, um über die Methode der Psychoanalyse nachzudenken; der Professor ist von Franz' Gedanken beeindruckt.

- Franz und Prof. Freud
- Nachdenken über Psychoanalyse

Verschärfung des nationalsozialistischen Terrors

Am darauffolgenden Abend (11. März 1938) sitzt der »Rote Egon« – ein Kunde der Trafik und überzeugter Sozialist – vor seinem Radio und hört die Rücktrittsrede Schuschniggs. Als Reaktion auf die dramatische

- Der »Rote Egon«

politische Entwicklung steigt er aufs Dach seines Wohnhauses, entrollt an der Hausfront eine beschriebene Stoffbahn und zündet sich eine Zigarette an. Nach nur sieben Zigarettenzügen kommen drei Männer und eine Frau »mit Hakenkreuzbinden, kurzen Totschlägern und mit vor Mordlust verzerrten Gesichtern aufs Dach« (S. 145). Der »Rote Egon« lässt sich in die Tiefe fallen.

■ Verfälschende Medienberichte

Am folgenden Tag ist Trsnjek angewidert von der verfälschenden Berichterstattung über den Tod des »Roten Egon«: In der Version der Zeitung *Reichspost* wird dieser als aggressiver Vaterlandsverräter dargestellt, der versehentlich vom Dach gestürzt sei, als er seine Widersacher angreifen wollte. Trsnjek verrät Franz, was tatsächlich auf dem Transparent gestanden habe: »Die Freiheit eines Volkes braucht die Freiheit seiner Herzen. Es lebe die Freiheit! Es lebe unser Volk! Es lebe Österreich!« (S. 148).

■ Die Trafik wird verwüstet

In der folgenden Nacht denkt Franz darüber nach, welche Rolle die Zeitungsmedien in der momentanen politischen Situation spielen. Schließlich schläft er ein und notiert, als er zwischendurch aufwacht, seinen Traum. Nur wenige Sekunden später schreckt Franz durch lauten Krach auf. Er läuft in den Verkaufsraum und findet die gesamte Trafik verwüstet vor: Auf dem Fußboden liegen abgetrennte Hühnerköpfe, auf der Verkaufstheke Tierinnereien. Über die Eingangstür wurde der Schriftzug »Hier kauft der Jud!« (S. 152) geschmiert. Als Trsnjek am Morgen zur Trafik kommt und die Verwüstungen sieht, ist er sprachlos. Gemeinsam mit Franz räumt er den Laden auf.

Am Mittag hält vor der Trafik ein altmodisches Auto. Drei in Anzüge gekleidete Männer steigen aus und betreten den Verkaufsraum. Einer der Männer schlägt Franz brutal, die anderen werfen Trsnjek zu Boden und treten auf ihn ein. Die Männer verhaften Trsnjek, da er pornografische Druckerzeugnisse an Juden verkaufe. Franz' Versuch, den Trafikanten zu schützen, indem er behauptet, die »Zärtlichen Magazine« gehörten ihm, bleibt erfolglos. Trsnjek wird von den Männern abtransportiert. Die ganze Szenerie beobachtet der Fleischer Roßhuber lächelnd.

■ Trsnjek wird verhaftet

Nach Trsnjeks Verhaftung renoviert Franz die Trafik und führt die Geschäfte fortan eigenständig. Erstmals schreibt Franz seiner Mutter einen Brief und keine Postkarte. Er berichtet ihr von den »komische[n] Zeiten« (S. 164) in Wien, Trsnjeks Inhaftierung verschweigt er ihr jedoch.

■ Franz übernimmt die Trafik

Die Geschäfte der Trafik laufen zunehmend schlechter, die jüdische Kundschaft bleibt beinahe ganz aus. Franz fällt auf, dass diejenigen Kunden, die noch in die Trafik kommen, sich in Sprache und äußerer Erscheinung den Nationalsozialisten angepasst haben. Zeitungen liest Franz kaum noch, da die meisten Blätter ohnehin nur die immer gleichen Positionen der Nazis vermitteln. An Anezka muss Franz oft denken. Aus Sehnsucht schreibt er ihren Namen in teurer Tinte auf Papier und auf seinen Körper.

■ Zeichen des Nationalsozialismus

Die Mutter berichtet Franz in ihrem Antwortbrief

von den Veränderungen im Salzkammergut. Auch dort gewinnen die Nationalsozialisten an Einfluss. In der folgenden Nacht träumt Franz von seinem leiblichen Vater. Er notiert dies und heftet seinen Traumzettel am nächsten Tag an das Schaufenster der Trafik. Anschließend beobachtet er die Reaktionen der vorbeigehenden Passanten auf den Zettel.

■ Franz' Traumzettel

Eine Woche nach Ottos Verhaftung erkundigt sich Franz bei der Dienststelle der Geheimen Staatspolizei, die im ehemaligen Wiener Hotel »Metropol« Quartier bezogen hat, nach dem Verbleib des Trafikanten Trsnjek. Der Portier verweigert jedoch die Auskunft. Deswegen beschließt Franz, fortan jeden Tag zur selben Zeit in die Zentrale zu kommen, bis man ihn über Trsnjeks Lage aufklärt. Franz' Plan geht auf: Der Portier greift eines Tages entnervt zum Telefonhörer. Statt die erwünschte Auskunft zu erhalten, wird Franz jedoch von einem Mann im beigefarbenen Leinenanzug brutal aus dem Gebäude geworfen. Dabei verliert Franz einen Schneidezahn, den er in seiner Kammer zu den Briefen seiner Mutter legt.

■ Franz fragt nach Trsnjek

In den folgenden Wochen drangsalieren die Nationalsozialisten die jüdische Bevölkerung und politisch Andersdenkende auf immer brutalere Weise. Auch vor Freuds Wohnung sind nun zivile Mitarbeiter der Gestapo postiert, die unter anderem seine Post kontrollieren.

■ Nationalsozialistischer Terror

Abschiede und Erwachsenwerden

Am 17. Mai 1938 erhält Franz ein Paket aus der Gestapo-Zentrale, mit dem Trsnjeks Habseligkeiten zurückgesendet werden. Ein beigefügtes Schreiben informiert darüber, dass Trsnjek am 14. Mai »seinem nicht näher zu bestimmenden Herzleiden erlegen« sei (S. 192). Im Brief werden außerdem die Vergehen angeführt, derer Trsnjek sich schuldig gemacht haben soll. Franz wird angewiesen, »die vorläufige Geschäftsführung der Tabaktrafik« zu übernehmen (S. 192), bis man über die Beschlagnahmungen von Trsnjeks Vermögenswerten entschieden habe. In dem Paket findet Franz ein Foto, das Otto noch mit zwei gesunden Beinen zeigt, außerdem einige persönliche Gegenstände sowie die Hose, die Trsnjek am Tag seiner Verhaftung trug. Trsnjeks Tod trifft Franz schwer, er »weinte, bis er keine Tränen mehr hatte« (S. 193).

■ Nachricht von Trsnjeks Tod

Nach Ladenschluss geht Franz in das Geschäft von Roßhuber, macht ihn für den Tod des Trafikanten verantwortlich und »verpasste dem Fleischermeister einen klatschenden Schlag ins Gesicht« (S. 195). Roßhuber nimmt Franz' Beschuldigungen reglos hin. Die Mutter informiert Franz in einem weiteren Brief über Trsnjeks Tod, verschweigt jedoch die tatsächlichen Umstände. Anschließend zieht sich Franz auf den Kahlenberg zurück, wo er die Ereignisse der letzten Zeit Revue passieren lässt.

■ Franz macht Roßhuber verantwortlich

Da Franz befürchtet, dass auch Anezka in Gefahr ist, eilt er in das Nachtlokal »Zur Grotte«, in dem der

■ Franz, Anezka und der Nazi

Einfluss des Nationalsozialismus jetzt deutlich wahrzunehmen ist: Dort, wo vor kurzem noch Hitler parodiert wurde, besteht das Publikum nun größtenteils aus Männern »in schwarzer Uniform«, und auf der Bühne werden Witze über Juden erzählt (S. 203). In der Garderobe findet Franz Anezka. Er möchte sie dazu überreden, mit ihm Wien zu verlassen und ihn zu heiraten (S. 206). Als ein SS-Soldat die Garderobe betritt, denkt Franz zunächst, dass Anezka verhaftet werden soll. Erst als diese den Soldaten umarmt, versteht Franz die Situation und verlässt das Lokal.

■ Freud verlässt Wien

Franz erfährt vom Briefträger Heribert Pfründner, dass Sigmund Freud plane, am nächsten Tag nach England zu emigrieren. Daraufhin macht Franz sich mit drei Zigarren auf den Weg, um sich persönlich vom Professor zu verabschieden. Die zivilen Mitarbeiter der Gestapo vor Freuds Haus verwehren Franz den Zutritt, weshalb dieser das Haus heimlich über den Kohlenkeller betritt. Im Behandlungszimmer liegt Freud – »[n]och zerbrechlicher, als Franz ihn in Erinnerung hatte« – auf einer Couch (S. 218). Während Franz und Freud gemeinsam die mitgebrachten Zigarren rauchen, sprechen sie über Trsnjeks Tod, Franz' enttäuschte Liebe zu Anezka und seine Träume, die er regelmäßig notiert. Als Franz bemerkt, dass Freud eingeschlafen ist, verlässt er leise das Behandlungszimmer.

Am Nachmittag des folgenden Tages, dem 4. Juni 1938, bricht Freud mit dem Zug nach England auf. Aus der Ferne beobachtet Franz Freuds Abreise. Franz verlässt den Bahnhof und bleibt an der Laterne stehen, an der er sich bei seiner Ankunft in Wien abstützen musste. In diesem Moment wird ihm klar, wie sehr er sich seit damals verändert hat.

Am nächsten Tag berichtet die Kundin eines Lebensmittelgeschäfts, dass in der Nacht zuvor ein unbekannter Mann eine der Hakenkreuzfahnen vor der Zentrale der Gestapo abgenommen und sie durch eine »braune Herrenhose« ersetzt haben soll, bei der ein »Hosenbein [...] ungefähr auf Kniehöhe abgeschnürt« war (S. 241 f.). Dort soll die Hose »[w]ie ein riesiger Zeigefinger, der den Leuten einen Weg weist« im Wind geweht haben (S. 242).

■ Trsnjeks Hose weht vor der Gestapo-Zentrale

In der folgenden Nacht liegt Franz' Mutter wach. Ihre Arbeitsstelle hat sie verloren, weil sie sich gegen ihren zudringlichen Arbeitgeber zur Wehr setzte. Unruhig verlässt sie das Haus. Am Ufer des nächtlichen Sees denkt sie sorgenvoll an ihren Sohn (S. 244).

Am nächsten Morgen, dem 7. Juni 1938, notiert Franz einen neuen Traum. Als er den Traumzettel an die Auslage heftet, hält ein Wagen vor der Trafik mit drei Männern, von denen einer schon an Trsnjeks Verhaftung beteiligt war. Sie fordern Franz auf, sie zu begleiten. Bevor Franz in den Wagen steigt, sperrt er die Trafik noch ordentlich ab (S. 247).

■ Franz wird verhaftet

Am 12. März 1945 kommt Anezka zur Trafik und blickt durch die Auslage. Sie entdeckt Franz' letzten vergilbten Traumzettel, liest ihn und steckt ihn in ihre Manteltasche. Dann geht sie. Als sie die »anschwellenden Motorengeräusche der alliierten Bomberverbände« hört (S. 250), läuft sie so schnell sie kann.

■ Sieben Jahre später

3. Figuren

Die Figuren des Romans *Der Trafikant* lassen sich sowohl in Haupt- und Nebenfiguren gruppieren als auch nach den beiden Handlungsorten – Salzkammergut und Wien – aufteilen. Zu den Hauptfiguren gehören Franz Huchel, seine Mutter, Otto Trsnjek, Sigmund Freud und Anezka. Sigmund Freud ist hierbei, neben nur genannten Persönlichkeiten wie beispielsweise Kurt Schuschnigg oder Adolf Hitler, die einzige literarische Figur mit konkretem historischen Vorbild. In der Rezeption des Romans wurde die literarische Darstellung des berühmten Psychoanalytikers u. a. dahingehend kritisiert, dass sie ihrem realen Vorbild nicht hinreichend gerecht werde, was die Frage nach dem Verhältnis von Literatur und Geschichte aufwarf (vgl. Kap. 5, S. 80). Zwischen Franz und den anderen Hauptfiguren bestehen jeweils Beziehungen, die für die Romanhandlung und Franz' Entwicklung von besonderer Bedeutung sind.

Hauptfiguren

Franz Huchel: Franz steht im Mittelpunkt des Romans *Der Trafikant*. Seine charakterliche Entwicklung, die sich innerhalb eines Jahres (Spätsommer 1937 bis 7. Juni 1938) unter den Vorzeichen der nationalsozialistischen Machtergreifung in Wien und des Anschlusses Österreichs an Deutschland vollzieht, bildet den wesentlichen Handlungsstrang des Romans.

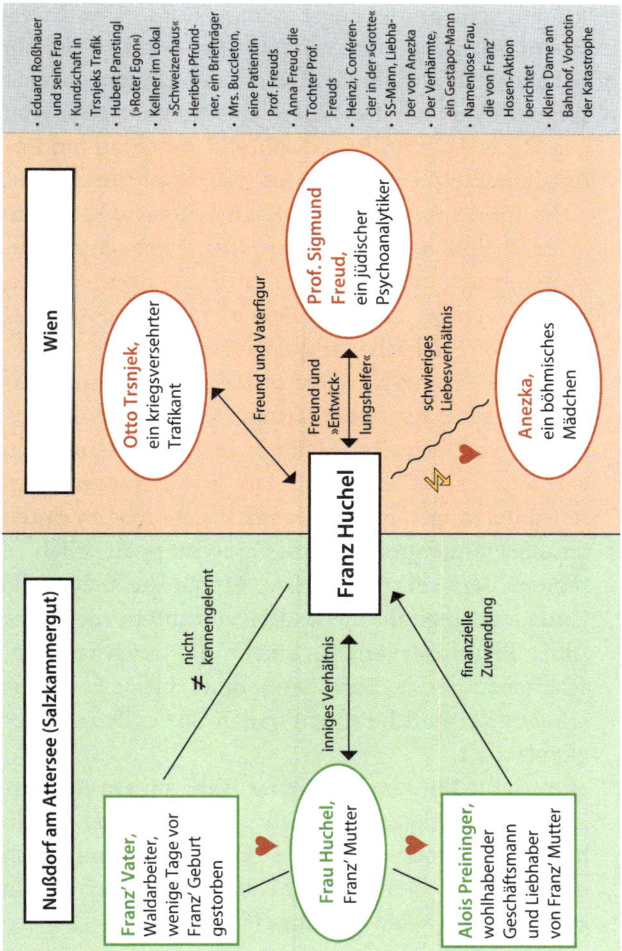

Abb. 1: Figurenkonstellation

Behütetes Aufwachsen

Franz wird am 7. August 1920 in Nußdorf am Attersee im Salzkammergut geboren[2], wo er bis zu seinem 17. Lebensjahr mit seiner Mutter in bescheidenen, aber sorgenfreien Verhältnissen in einem Fischerhaus lebt. Die Mutter, die für Franz während der gesamten Romanhandlung eine wichtige Bezugsperson bleibt, zieht ihren Sohn alleine groß. Der leibliche Vater, ein Waldarbeiter aus Bad Goisern, »der angeblich zu Lebzeiten kaum mehr gesprochen hatte als im Tode«, wurde wenige Tage vor Franz' Geburt von einer »morschen Stieleiche« erschlagen (S. 172).

Verträumter Außenseiter

Obwohl Franz Nußdorf bislang nur zweimal verlassen und somit sein gesamtes Leben im Salzkammergut verbracht hat, bleibt er in seiner Heimat ein verträumter Außenseiter. Er wächst vaterlos zu einem sensiblen Jungen heran, der sich »[s]chon beim ersten fernen Donnergrollen« eines Gewitters ängstlich in seinem Bett verkriecht (S. 7). Durch die finanzielle Unterstützung, die die Mutter von ihrem Liebhaber Alois Preininger erhält, einem der reichsten Geschäftsmänner des Salzkammerguts, bleibt Franz die schwere körperliche Arbeit in den Salzstollen der Region erspart.

Auch die Mutter glaubt, dass Franz für ein Arbeitsleben im Salzkammergut nicht geeignet sei: »[D]u hast immer noch ganz zarte Hände. Zart und weich und weiß, wie von einem Mädchen. So einer wie du kann nicht im Wald arbeiten« (S. 15).

2 Franz' genaues Geburtsdatum wird erst im Schreiben der Gestapo vom 16. Mai 1938 genannt (im Roman: S. 192).

Als Alois Preininger bei einem Badeunfall ums Leben kommt und die finanzielle Unterstützung für die Mutter abrupt ausbleibt, stellen sich rasch Veränderungen in Franz' Leben ein. Diese deuten sich zuerst in der Beziehung zur Mutter an. So muss Franz seine Mutter nach Preiningers Tod trösten, wodurch das bislang gewohnte Verhältnis zwischen den beiden verkehrt wird: »Plötzlich kam er [Franz] sich seltsam und dumm vor. Bislang war es umgekehrt gewesen: Er hatte geheult, und die Mutter hatte ihn gestreichelt« (S. 9). Den entscheidenden Impuls für Franz' weitere Entwicklung ist jedoch der Entschluss der Mutter, dass Franz in der Wiener Trafik ihres ehemaligen Liebhabers Otto Trsnjek eine Lehre beginnen soll.

■ Veränderungen

Mit der Abreise nach Wien beginnt die charakterliche Reifung des trotz seines Alters noch kindlich-naiven Franz: Er wird sich vom naturverbundenen Landbuben zum selbstbewussten jungen Mann entwickeln. Zahlreiche Vorausdeutungen im Text, z. B. das Gewitter und die vom Wind geköpften Geranien zu Beginn des Romans (S. 7) oder die tote Kuh, die das Zuggleis nach Wien blockiert (S. 19), verweisen jedoch immer wieder darauf, dass Franz' Erwachsenwerden unter schicksalhaften Vorzeichen erfolgen wird.

■ Aufbruch nach Wien

Die Loslösung von der Mutter empfindet Franz nach anfänglichen Zweifeln als Befreiung aus einer Heimat, durch die er sich begrenzt fühlt:

■ Befreiung aus der Heimat

> »Vor seinem Inneren tauchte die Zukunft auf wie ein weit entfernter Uferstreifen aus dem Morgennebel […]. Und auf einmal fühlte sich alles irgendwie leicht und angenehm an. Es war, als ob mit der verschwommenen Gestalt der Mutter auf dem Bahnsteig von Timelkam auch ein großer Teil seines Körpergewichtes zurückgeblieben wäre.« (S. 17)

Wien als sinnliche Überforderung

Obwohl Franz seiner Zukunft in Wien positiv entgegenblickt, erlebt er die ersten Momente in der Großstadt als regelrechten Schock, der ihn gleichermaßen physisch und psychisch trifft. Das hektische Treiben auf den Straßen und die üblen Gerüche setzen ihm derart zu, dass ihm kurzzeitig übel wird und er sich an einer Laterne abstützen muss. Die Metropole Wien erscheint Franz, der bisher nur die Naturidylle des Attersees kannte, als bedrohlicher, ständig in Bewegung befindlicher Organismus aus Gebäuden, Fahrzeugen, Menschen und Gerüchen (S. 20).

Dass er in seiner Naivität auch die politische und gesellschaftliche Situation in Wien nicht recht einzuordnen weiß, ist an der Reaktion auf die kleine Dame zu erkennen, die ihn vor dem Bahnhof anspricht: Ausdrücklich warnt sie ihn vor den »[f]aulige[n] Zeiten«, was auf die politischen und gesellschaftlichen Umbrüche der Zeit bezogen werden kann. Von solchen Dingen weiß Franz nichts und überhört deshalb die Anspielungen. »›Blödsinn!‹, sagte Franz. ›Es gibt kein Zurück, und außerdem gewöhnt man sich an alles‹« (S. 21).

In der Währingerstraße betritt Franz die Trafik des kriegsversehrten Trafikanten Otto Trsnjek, der zunächst zurückhaltend auf den Jungen aus der Provinz reagiert, jedoch schnell Freude daran findet, Franz in die Welt der Zeitungen und Rauchwaren einzuführen. Die Trafik bildet für Franz einen weiteren neuen, völlig fremden Erfahrungsraum, einen ganz eigenen »Mikrokosmos«[3]. Hier beobachtet er staunend die Kundschaft, die einen Querschnitt der Metropolengesellschaft repräsentiert, und stellt regelrechte Milieustudien an. Interessiert registriert er die Bedürfnisse der urbanen Bevölkerung: Tageszeitungen, Zigarren und Zigaretten, aber auch die »Zärtlichen Magazine[n]« (S. 33), die Trsnjek nur auf Nachfrage aus einer Schublade holt.

■ Die Trafik in der Währingerstraße

In der Trafik muss sich Franz im Rahmen seiner Ausbildung intensiv mit der Lektüre verschiedener Zeitungen beschäftigen, was ihm nach anfänglichen Anstrengungen immer mehr Freude macht und ganz neue Horizonte eröffnet: »Es war eine Ahnung, die da zwischen den vielen Druckbuchstaben herausraschelte, eine kleine Ahnung von den Möglichkeiten der Welt« (S. 29). Gebannt folgt er Trsnjeks leidenschaftlichen Ausführungen, der aktuelle politische und gesellschaftliche Entwicklungen in Wien kritisch kommentiert und selbstbewusst Position bezieht. Franz

■ Zeitungslektüre und Horizonterweiterung

3 Anette Sosna, »Adoleszenz und Zeitgeschichte in Robert Seethalers Roman *Der Trafikant*«, in: *Literatur im Unterricht. Texte der Gegenwartsliteratur für die Schule* 1 (2014) S. 53–69, hier S. 61.

erscheint hier noch häufig als der naive Knabe vom Lande, dem z. B. der immer stärker um sich greifende Judenhass (S. 40) vollkommen unverständlich erscheint. Indem der Trafikant seinen Lehrling Schritt für Schritt mit der gesellschaftlichen Realität der Großstadt Wien vertraut macht, wird er zur wichtigen Bezugsperson für den vaterlosen Jungen und weckt Franz' Willen, die Welt gedanklich und sinnlich zu erschließen.

Kontakt zu Sigmund Freud

Einen weiteren wichtigen »Entwicklungshelfer« findet Franz in dem berühmten Professor Sigmund Freud. Obwohl Freud zunächst distanziert auf den Jungen reagiert, sucht Franz immer wieder das Gespräch mit dem Professor und möchte mehr über die Methoden der Psychotherapie erfahren, von der er selbst schon im Salzkammergut gehört hat. Freud rät ihm jedoch, sich lieber mit Mädchen zu beschäftigen. Damit löst Freud in Franz ein Verlangen aus, das dieser zwar schon länger verspürt, bislang aber noch nicht deuten konnte (S. 44). Indem Franz erst auf Freuds Hinweis hin die Gründe seines emotionalen Zustandes erkennt, zeigt er sich wiederum als naiver Landbub. Dies mag ein wenig verwundern, da seine Mutter scheinbar rege Männerkontakte pflegt, die sie vor dem Sohn nicht verbirgt.

Objekt des neuerwachten Verlangens: Anezka

Zum Objekt von Franz' Verlangen wird im Weiteren das böhmische Mädchen Anezka, das er auf dem Wiener Prater kennenlernt. Franz verliebt sich vorbehaltlos in die in Liebesdingen ungleich erfahrenere Anezka, wobei vor allem körperliche Details wie beispielsweise die auffällige Zahnlücke des Mädchens seine Aufmerksamkeit finden. Franz' Unerfahrenheit in zwischenmenschlichen Belangen kommt bei der ersten Begegnung mit Anezka deutlich zum Ausdruck: Er vermag die sexuellen Anspielungen und Absichten der prallen Böhmin nicht richtig zu deuten, weshalb Franz' erster Euphorie sogleich eine herbe Enttäuschung folgt.

Obwohl es im Verlauf der Romanhandlung mehrfach zu Intimitäten zwischen Franz und Anezka kommt, erlebt der Junge diese Beziehung als Verkettung leidvoller Enttäuschungen: erst lässt sie ihn wiederholt sitzen, dann entdeckt Franz, dass Anezka als erotische Tänzerin arbeitet und schließlich geht sie eine Beziehung mit einem SS-Soldaten ein. In den Gesprächen mit Freud bemüht sich Franz darum, seine emotionale Lage zu begreifen. Diese Unterhaltungen, in denen Franz langsam eine Sprache für den Ausdruck seiner emotionalen Konflikte findet, dokumentieren Franz' Reifungsprozess.

■ Enttäuschungen

Seine Beziehung zu Anezka versteht er zunehmend besser und kann sie mit Distanz betrachten. Ob er das Mädchen tatsächlich liebt, vermag er nach den Gesprächen mit Freud nicht mehr mit Sicherheit zu sagen. Franz' Selbstreflexivität kommt ebenfalls durch seine Aufmerksamkeit für die Bedeutung der eigenen Träume zum Ausdruck, die er – einem Rat Freuds folgend – regelmäßig notiert. Die charakterliche Entwicklung des Jungen bildet sich nicht zuletzt im Verhältnis zur Mutter ab.

■ Geistige Reifung

Verhältnis zur Mutter

Nach seiner Ankunft in Wien sendet er der Mutter zunächst weitgehend belanglose Postkartengrüße mit stimmungsvollen Fotografien der Metropole. Mit zunehmender charakterlicher Reifung erscheint Franz dieses Kommunikationsformat jedoch nicht mehr angemessen für die Mitteilung seiner komplexen Gedanken, und er schreibt ausführliche Briefe. Aus dem naiven Franz, der bei seinem ersten Besuch des Wiener Praters noch wie ein Kind sich im Spiegelkabinett verirrt und mit der Märchengrottenbahn fährt (S. 47–50), wird im Verlauf der Romanhandlung ein junger Mann, der bereit ist, Position zu beziehen.

Vom Landbuben zum selbstbewussten jungen Mann

Als die Trafik wiederholt Ziel antijüdischer Angriffe wird und Trsnjek schließlich von der Gestapo wegen des Verkaufs pornografischer Schriften an Juden verhaftet wird, tritt Franz den Vorbehalten der Nachbarschaft und den Repressionen der Polizei entschlossen entgegen. Er opponiert sowohl gegen den Fleischermeister Roßhuber, der Trsnjek mutmaßlich denunzierte, als auch gegen die Gestapo. Als ihn die Mitteilung von Trsnjeks Tod erreicht, führt er die Geschäfte der Trafik weiter und sorgt mit dem Aushang seiner niedergeschriebenen Träume für Aufmerksamkeit in der Nachbarschaft.

Am Ende des Romans agiert Franz als gereifte und selbstbewusste Persönlichkeit: Er ist nun in der Lage, die Veränderungen in seiner Umwelt und die eigene emotionale Situation zu begreifen und kritische Schlussfolgerungen zu ziehen. Außerdem vermag er es, Trsnjeks Tod und die Abreise Freuds nach England, den Verlust zweier Vaterfiguren, zu bewältigen. Schließlich bietet er sogar der Gestapo, die er für Trsnjeks Tod verantwortlich macht, mit einer beispiellosen symbolischen Geste die Stirn. Er hisst Ottos Hose am Fahnenmast vor dem Gestapo-Hauptquartier, wofür er schließlich selbst verhaftet wird und in der Haft vermutlich umkommt.

■ Verlust zweier Vaterfiguren

Otto Trsnjek: Trsnjek ist Inhaber der Trafik in der Wiener Währingerstraße. Während des Ersten Weltkriegs wurde er schwer verletzt und sein linkes Bein musste bis zum Oberschenkel amputiert werden. Seitdem geht er an Krücken und trägt eine Hose mit einem abgeschnittenen und hochgenähten linken Hosenbein.

Die Trafik wurde ihm auf Grundlage des Invalidenentschädigungsgesetzes für seine Kriegsverletzung zugesprochen. Mit Franz' Mutter hatte Trsnjek vor der Geburt des Jungen eine Affäre, weshalb er ihrer Bitte nachkommt, den Jungen als Lehrling aufzunehmen. Trsnjeks Beziehung zu Franz' Mutter wird im Roman nur kurz angesprochen. Anders als Alois Preininger, mit dem die Mutter ebenfalls eine sexuelle Beziehung unterhielt, agiert Trsnjek Franz gegenüber tatsächlich in mancherlei Hinsicht väterlich. Nach anfänglicher Zurückhaltung gegenüber dem Jungen findet er rasch Gefallen an Franz' Ausbildung und präsentiert sich als Trafikant mit Leib und Seele.

■ Kriegsversehrter Trafikant

■ Trafikant mit Leib und Seele

Seine Waren führt er regelrecht liebevoll vor:

> »Und das hier sind meine Bekannten. Meine Freunde. Meine Familie. Am liebsten möcht ich sie alle behalten. […] Aber ich geb sie trotzdem her. […] Weil ich Trafikant bin. Weil ich Trafikant sein will. Und weil ich immer Trafikant sein werde.« (S. 24)

Trsnjek führt Franz aber nicht nur in die Welt der Zeitungen und Rauchwaren ein, sondern macht ihn am Beispiel der Trafikkundschaft auch mit der Wiener Gesellschaft vertraut. Zum wichtigen Orientierungsgeber für Franz wird er, indem er ihn zur Zeitungslektüre drängt und ihm Ansichten über die politisch-gesellschaftlichen Entwicklungen vermittelt.

■ Kritische Position zum Nationalsozialismus

Deutlich wendet sich Trsnjek dabei gegen das verstärkt um sich greifende nationalsozialistische Gedankengut. Seine Positionierung gewinnt im Verlauf der Romanhandlung zunehmend an Brisanz, da viele seiner Kunden Juden sind, z. B. der Professor Sigmund Freud. Trsnjek und seine Trafik werden deshalb Objekt antijüdischer Anfeindungen und Angriffe. Obwohl er vom eskalierenden Hass der Nachbarschaft tief betroffen ist, vertritt Trsnjek seine Ansichten weiterhin resolut. So konfrontiert er den Fleischermeister Roßhuber, den er für die Verwüstung seiner Trafik verantwortlich macht, in sprachlich-derber Klarheit und in aller Öffentlichkeit (S. 61 f.).

■ Vertrauensverhältnis zu Franz

Zwischen Trsnjek und seinem Lehrling herrscht bald ein Vertrauensverhältnis, was u. a. dadurch deutlich wird, dass Franz ihm Einblick in seine Liebesprobleme gewährt. In Liebesdingen vermag Trsnjek jedoch keine hilfreichen Hinweise zu geben, auch wenn er sonst Franz' Entwicklung entscheidend beeinflusst. So schärft er dessen Bewusstsein für die politischen Geschehnisse und erklärt kritisch, welche Rolle den Medien und ihrer voranschreitenden Gleichschaltung dabei zukommt. Beispielsweise prangert er die verfälschende Berichterstattung über den Tod des »Roten Egon« an: »Was bitteschön, soll denn an einer Heimatstadt, die ein derartig verlogenes und obendrein ungeschickt hingesudeltes Gestammel einer deutschtümeligen Dreckjournaille herausbringt, noch hoffnungsfroh sein!?« (S. 147).

■ Kritik an den Medien

Seine öffentlichen Stellungnahmen gegen die antijüdischen Ressentiments und Übergriffe bleiben für Trsnjek nicht ohne Konsequenzen. Erst wird die Auslage der Trafik verwüstet und kurz darauf erscheinen Beamte der Gestapo, die Trsnjek wegen des Verkaufs pornografischer Schriften an Juden brutal verhaften und abtransportieren. Die enge Verbindung zwischen dem Trafikanten und seinem Lehrling wird in dieser Szene des Romans besonders deutlich: Franz gibt vor, Besitzer der »Zärtlichen Magazine« zu sein, um Trsnjek zu schützen, was dieser jedoch zurückweist und sich seinerseits vor Franz stellt.

■ Im Fadenkreuz der Gestapo

Am 17. Mai 1938 erhält Franz ein Paket mit Trsnjeks persönlichen Dingen und ein Schreiben, in dem er über den Tod des Trafikanten in Kenntnis gesetzt wird. Trsnjeks Verhaftung und Tod stehen im Roman stellvertretend für die Schicksale vieler Menschen, die

■ Exemplarisches Schicksal

gegen die Ideologie und Praktiken der Nationalsozialisten kritisch Positionen bezogen haben.

■ Allein-erziehend

Die Mutter: Franz' Mutter tritt im Roman als »schmale Frau in den Vierzigern« auf, »immer noch ganz ansehnlich, wenngleich auch schon etwas ausgemergelt« (S. 8). Da Franz' leiblicher Vater vor dessen Geburt verstarb, zieht sie ihren Sohn allein groß. Materiell hält sie Franz und sich durch finanzielle »Liebesgroßzügigkeit[en]« über Wasser, die sie von Alois Preininger erhält (S. 11). Das Verhältnis der Mutter zu Männern, das vordergründig stets durch sexuelle Aspekte geprägt ist, spielt im Roman mehrfach eine Rolle. Auch in ihrem Brief an den Sohn berichtet sie ohne Scham von neuen Liebhabern.

■ Inniges Verhältnis zu Franz

Mutter und Sohn haben ein inniges Verhältnis, gleichwohl Franz sie auch mit einer gewissen Ambivalenz betrachtet. So erinnert ihn die Mutter zu Beginn des Romans an »das schief verschnitzte Marienbild […], das irgendjemand in alten Zeiten an den Türstock der Nußdorfer Kapelle genagelt hatte und das mittlerweile fast bis zur völligen Unkenntlichkeit verwittert war« (S. 8 f.). In den zahlreichen Rückblenden, in denen der Roman in Franz' Kindheit zurückführt, erscheint die Mutter jedoch wiederholt als Schutz und Geborgenheit vermittelnde Figur (z. B. in dem Moment, als Franz Anezka kennenlernt, S. 53 f.).

■ Vertiefung der Beziehung im Briefgespräch

Kontur und Tiefe gewinnt die Beziehung von Mutter und Sohn durch ihre schriftliche Kommunikation: Motivpostkarten mit wenig aussagekräftigen Grüßen werden von ausführlichen und tiefgründigen Briefgesprächen abgelöst. Aufmerksam registriert die Mutter die Veränderungen ihres Sohnes und kommentiert diese in ihren Briefen mal zustimmend, mal voller Sorge. Dabei thematisiert sie auch die Umbrüche in Franz' Heimat, in der das Leben ebenfalls zunehmend von den Nationalsozialisten bestimmt wird, unter denen sie auch persönlich zu leiden hat.

Ist die Mutter nach ihrem Auftritt zu Beginn im größten Teil des Romans ausschließlich durch ihre Briefe an Franz präsent, erscheint sie am Ende noch einmal als Figur. Dunkle Vorahnungen lassen sie nicht in den Schlaf kommen. Am Attersee stehend, sucht sie den gedanklichen Kontakt zu ihrem Sohn: »Die Mutter hörte ihr Herz pochen. Ein kleiner Schauder lief ihr den Rücken hinunter, und obwohl es warm war, zitterte sie. ›Mein Bub‹, sagte sie und schloss die Augen. ›Wo bist du, mein Bub?‹« (S. 244). Die hier vermittelte mütterliche Intuition lässt sich der Symbolstruktur des Romans zuordnen, die auf Franz' Schicksal vorausdeutet.

Dunkle Vorahnungen

Anezka: Anezka stammt aus dem böhmischen Dorf Dobrovice im Landkreis Mladá Boleslav und ist drei Jahre älter als Franz. Mit 30 anderen Frauen lebt sie im Zimmer eines abrissreifen Hauses in der Rotensterngasse im Zweiten Bezirk Wiens.

Finanziell hält sie sich – ohne dass sie hierfür eine behördliche Genehmigung hat – mit Arbeiten als Kindermädchen, Köchin und Haushaltshilfe, aber auch als erotische Tänzerin im Lokal »Zur Grotte« über Wasser. Sowohl ihre soziale Stellung als auch ihr böhmischer Dialekt, der auf ihre Herkunft verweist, markieren sie als Außenseiterin in der Wiener Gesellschaft: »Genau genommen sagte sie nicht ›möcht ich, bitteschön‹, sondern ›mecht ich, bittascheen‹. Es war die leicht erkennbare Unfähigkeit der vielen in Wien ansässigen Böhmen, Umlaute auszusprechen« (S. 52). In dieser Hinsicht ergibt sich eine Verbindung zu Franz, der ebenfalls ein Fremder in der Metropole Wien ist.

■ Am sozialen Rand der Gesellschaft

Davon abgesehen ist Anezka im Roman jedoch als Kontrastfigur zu Franz angelegt. Als Franz die Böhmin im Wiener Prater zum ersten Mal sieht – »Es war das schönste Gesicht, das Franz […] je in seinem Leben gesehen hatte« (S. 51) –, verliebt er sich Hals über Kopf in sie. Von Anezkas sinnlich-erotischer Ausstrahlung ist er regelrecht benebelt: »Überhaupt war alles rund an ihr: die kleinen Ohren, die Nase, die gewölbte Stirn, die geschwungenen Augenbrauen, die großen, braunen Augen« (S. 53). Besonders angetan ist Franz von Anezkas auffälliger Zahnlücke, die ihn mehr als alles andere erregt: »Niemals hätte er es für möglich gehalten, dass ihn eine böhmische Zahnlücke einmal so aufrühren würde« (S. 54 f.).

■ Kontrast zu Franz

Anders als Franz, der sich seines Begehrens überhaupt erst einmal bewusst werden muss, kennt Anezka ihre Bedürfnisse genau und weiß um die Spielregeln der Wiener Vergnügungsviertel. Sie nutzt Franz' naive Verliebtheit gezielt zu ihrem Vorteil, indem sie

■ In Liebesdingen erfahren

sich wiederholt von ihm einladen lässt, u. a. zu ausgiebigen Essen. Sie bringt ihre Wünsche deutlich zum Ausdruck: »Haben wir gesoffen, haben wir getanzt – und was machen jetzt?« (S. 57). Dass der naive Franz die sexuellen Offerten nicht versteht und deshalb auch gleich beim ersten Treffen von Anezka sitzengelassen wird, bekräftigt die Kontraste zwischen den beiden Figuren. Dieses asymmetrische Verhältnis manifestiert sich sprachlich auch dadurch, dass Anezka Franz konsequent als »Burschi« anspricht und somit ihren Erfahrungsvorsprung verdeutlicht. Erst später wird sich Franz als Zeichen seiner Reifung gegen diese Anrede zur Wehr setzen.

Asymmetrisches Verhältnis

Trotz vieler Enttäuschungen bleibt Anezka das Objekt von Franz' Begierde, und es kommt im Verlauf der Romanhandlung wiederholt zu Intimitäten, u. a. in der Schlafkammer im Hinterzimmer der Trafik (S. 91 f.). Diese Zusammenkünfte, die stets von Anezka angebahnt, dominiert und beendet werden, lassen Franz auf eine ernsthafte Beziehung hoffen. Spätestens als Franz jedoch herausfindet, dass sich seine Geliebte als erotische Tänzerin im Lokal »Zur Grotte« den lüsternen Blicken fremder Männer darbietet, setzt ein Prozess der inneren Distanzierung ein. Entschieden weist Franz nun Anezkas Anrede zurück: »Ich heiß nicht Burschi, ich heiß Franz!« (S. 112). Besonders deutlich werden die Unterschiede zwischen Anezka und Franz, als der Lehrling sich gegen die Nazis stellt, die Böhmin jedoch eine Beziehung zu einem SS-Offizier eingeht, um sich auch nach der Machtergreifung der Nazis eine vorteilhafte Situation zu verschaffen (S. 204–208).

Diese Charakterisierung als berechnend agierende Frau ist von einigen wenigen Textstellen durchsetzt, die Anezkas innere Konflikte und ihre Verlorenheit andeuten. Als Franz sie nach ihrem Auftritt als erotische Tänzerin zur Rede stellt, erklärt sie etwa »Ich geheer zu keinem. Nicht einmal zu mir selber!« (S. 113). Ob es Anezka zum Schluss des Romans, Jahre nach Franz' Verhaftung und vor der Kulisse heranziehender Bomber, aus noch immer vorhandener Zuneigung zu Franz zur Trafik zieht oder sie nur zufällig durch die Währingerstraße läuft, lässt der Text offen.

Sigmund Freud: Freud ist die einzige Hauptfigur des Romans mit realhistorischem Vorbild. Die Figurendarstellung fokussiert aber nicht so sehr den weltberühmten Wissenschaftler, vielmehr stellt sie den gealterten, von Krankheit gezeichneten Sigmund Freud in den Vordergrund, der als jüdischer Bürger kurz vor seiner Ausreise nach England steht. Diese Reduktion der Figur wird im Roman vor allem dadurch realisiert, dass Freud hauptsächlich aus Franz' naiver Sicht beschrieben wird.

■ Franz' Sicht auf Freud

Nur an wenigen Stellen kommt Freud unabhängig von Franz' Perspektive zu Wort, so z. B. in der Therapieszene mit Mrs. Buccleton. Aspekte des wissenschaftlichen Werks – Psychoanalyse, Traumdeutung oder Therapie – werden im Roman aufgegriffen, gleichwohl sie nicht ausdrücklich begrifflich benannt

Abb. 2: Sigmund Freud und seine Tochter Anna, 1928. –
© picture alliance / mary Evans Picture Library

werden. Biografische Aspekte werden nur sehr dosiert einbezogen: Freuds schweres Leiden an Gaumenkrebs kommt an wenigen Stellen nur indirekt zur Sprache, etwa wenn seine fürsorgliche Tochter Anna ihrem Vater die Kieferprothese zurechtrückt (S. 124); Freuds Ehefrau wird nur ganz am Rande erwähnt, und der Weltruhm des Erfinders der Psychoanalyse scheint lediglich in ironischer Brechung auf, wenn er brieflich gebeten wird, sich zu abseitigen Themen zu äußern (S. 122). Ebenso unerwähnt bleiben die Themen, mit denen sich der alte Sigmund Freud gerade in den späten Wiener Jahren beschäftigt hat, wie z. B. die historische Entwicklung des Judentums und Antisemitismus im Rahmen seiner Arbeit an *Der Mann Moses und die monotheistische Religion*.

Auf das Interesse des jungen Franz, der sogar im Salzkammergut schon vom berühmten »Deppendoktor« (S. 38) gehört hat, reagiert Freud zunächst zurückhaltend. Schnell erlebt er die Gespräche mit Franz aber als wohltuende Abwechslung und interessiert sich mehr und mehr für die Sorgen des naiven Jungen.

Orientierungsgeber für Franz

Im Verlauf des Romans wird Freud neben Trsnjek zum wichtigen Orientierungsgeber des Trafikantenlehrlings. Erst stößt er die Entfesselung des in Franz ruhenden körperlichen Begehrens an und macht dem Knaben vom Lande schlagartig bewusst, was ihn schon seit langem in Unruhe versetzt:

> »›Such dir ein Mädchen.‹ Franz sah ihn mit großen Augen an. Ein Zittern lief ihm durch den ganzen Körper. Ja dachte er, ja, ja, ja! […] Endlich hatte er das ausgesprochen, was ihm schon seit langer Zeit, im Grunde genommen schon seit dem Tag, an dem seine ersten Schamhaare zaghaft zu sprießen begonnen hatten, sowohl das Hirn als auch das Herz umrührte« (S. 43 f.).

Hilfe bei der Bewältigung emotionaler Enttäuschungen

Im Weiteren gibt er Franz mehr oder weniger hilfreiche Ratschläge, wie er mit dem bald folgenden schmerzhaften Liebeskummer umzugehen habe. In den Gesprächen fließen die Lebenserfahrungen des alten Freud mit Versatzstücken der psychoanalytischen Theorie (z. B. der Hinweis zum Notieren der

Träume) und der therapeutischen Praxis (die Bedeutung der Couch im Therapiegespräch) zusammen. Franz' Interesse an der Psychoanalyse als Werkzeug zur Lebenshilfe in Liebesdingen kommentiert Freud nicht ohne Selbstironie:

> »Die richtige Frau zu finden ist eine der schwierigsten Aufgaben in unserer Zivilisation. Und jeder von uns muss sie vollkommen alleine bewältigen. Wir kommen alleine zur Welt, und wir sterben alleine. Doch gegenüber der Einsamkeit, die wir empfinden, wenn wir zum ersten Mal vor einer schönen Frau stehen, wirken Geburt und Tod geradezu wie gesellschaftliche Großereignisse.« (S. 140 f.)

Auch wenn Freuds Kommentare dem verliebten Franz nur selten unmittelbar hilfreiche Handlungsoptionen vermitteln, beeinflusst er dessen Entwicklung positiv. Dies lässt sich konkret am Verhältnis der beiden Figuren zueinander beobachten. Sind die Gespräche anfänglich noch von einer deutlichen Hierarchie zwischen Franz und Freud geprägt, ergibt sich im Verlauf des Romans ein weitgehend gleichberechtigter Dialog, in dem passagenweise sogar Franz in den Vordergrund tritt. So ist Freud beeindruckt, als Franz nach einem neuerlichen Gespräch über die Linderung seines Liebesleids die Zielstellung des psychoanalytischen Gesprächs pointiert zusammenfasst:

■ Gleichberechtigte Gespräche

»Könnte es vielleicht sein, dass Ihre Couchmethode nichts anderes macht, als die Leute von ihren ausgelatschten, aber gemütlichen Wegen abzudrängeln, um sie auf einen völlig unbekannten Steinacker zu schicken, wo sie sich mühselig ihren Weg suchen müssen, von dem sie nicht die geringste Ahnung haben, wie er aussieht, wie weit er geht und ob er überhaupt zu irgendeinem Ziel führt?« (S. 141)

Freud ist es gelungen, Franz zur Einsicht zu bringen, dass die Selbsterkundung seiner emotionalen Zustände und die Versprachlichung seiner Gefühle zur Lösung von Konflikten beitragen können.

Freuds Blick auf die gesellschaftliche Situation

Ähnlich wie Trsnjek kommt Freud zugleich die Funktion zu, die gesellschaftlich-politischen Entwicklungen der Zeit zu kommentieren: Während eines Spaziergangs deutet er einen Pestvogel als Vorboten der heraufziehenden Katastrophe: »›Das war der Pestvogel‹, murmelte Freud. ›Es heißt, dass er immer nur vor dem Ausbruch von Seuchen, Kriegen und anderen Katastrophen auftaucht‹« (S. 137). Vor allem solche Szenen verdeutlichen die besondere Bedeutung der literarischen Figur Freud im Roman: Seine Vorausdeutung kann sich sowohl auf Franz' individuelles Schicksal – die bevorstehende Verhaftung und seinen (vermutlichen) späteren Tod in der Haft – als auch auf die gesamtgesellschaftliche Situation beziehen.

Hinzu kommt, dass Freuds Schicksal die Konsequenzen repräsentiert, von denen auch zahlreiche andere Wissenschaftler, Künstler oder Schriftsteller der Zeit betroffen waren: Unter dem Druck der sich zuspitzenden politischen Verhältnisse ist Freud, der Wien zuvor nur widerwillig verließ, zur Auswanderung nach England gezwungen. Angesichts seines gebrechlichen gesundheitlichen Zustands, den Franz sorgenvoll registriert, lässt sich erahnen, dass die Abreise des Professors aus Wien zugleich auch seine letzte Reise ist:

Emigration nach England

> »Franz sah, wie die Hand des Professors leicht zitterte, als er die Zigarre zum Mund führte. Seine Haut war fleckig, spannte sich dünn wie Seidenpapier über die Sehnen und war durchzogen von einem feinen Netz bläulicher Adern. Erst jetzt fiel Franz auf, wie alt und zerbrechlich Freud war.« (S. 76)

Für Franz bedeutet Freuds Abreise nach Trsnjeks Tod den neuerlichen Verlust einer Vaterfigur. Dass solche Verlusterfahrungen in Freuds psychoanalytischer Theorie eine wichtige Rolle spielen, darf mit Blick auf die Romanhandlung durchaus als Hinweis verstanden werden, dass das Beziehungsgeflecht der literarischen Figuren auch Element einer »erzählten Psychoanalyse« ist. Damit ist gemeint, dass Elemente der psychoanalytischen Theorie, z. B. Konflikte in sozialen Beziehungen oder in der Sexualität, aber auch die Methode des therapeutischen

Verlusterfahrung

Gesprächs zum Gegenstand des literarischen Erzählens werden.

Überblick zu Leben und Werk Sigmund Freuds (nach Freud-Handbuch)[4]	
1856	6. Mai: Freud wird in Freiberg (heute: Pribor/Tschechien) als Sohn jüdischer Eltern geboren.
1873–1881	Medizinstudium an der Wiener Universität.
1881	Promotion in Medizin.
1882–1885	Tätigkeit am Wiener Allgemeinen Krankenhaus.
1885	Habilitation in Neuropathologie in Wien.
1885–1902	Privatdozent für Neuropathologie in Wien.
1885/86	Studienaufenthalt an der Pariser Nervenklinik Salpêtrière, wo Freud Frauen mit seelischen Erkrankungen ohne organischen Befund (Hysterien) beobachtet.
1886	Eröffnung einer neurologischen Praxis in Wien und Heirat mit Martha.
1895	Geburt der Tochter Anna Freud (1895–1982), das jüngste der insgesamt sechs Kinder.
1899	*Die Traumdeutung*, im Titelblatt vordatiert auf 1900, erscheint. Freud führt hier die grundlegenden Begriffe seiner frühen Psychoanalyse ein: die frühkindliche Sexualität, das Unbewusste, die Verdrängung sowie das Bewusstmachen latenter Konflikte als therapeutisches Verfahren.
1902	Professur für Neuropathologie in Wien.

4 Nach der Zeittafel in: *Freud-Handbuch. Leben – Werk – Wirkung*, hrsg. von Hans-Martin Lohmann und Joachim Pfeiffer, Stuttgart 2006, S. 431 f.

1904	In *Zur Psychopathologie des Alltagslebens* beschäftigt sich Freud u. a. mit der Bedeutung von Vergesslichkeit und Versprechern.
1905	In *Drei Abhandlungen zur Sexualtheorie* beschreibt Freud die sexuelle Komponente des normalen und des pathogenen, d. h. krankheitserregenden Verhaltens.
1912/13	In der Schrift *Totem und Tabu* versucht Freud Fragen der Völkerpsychologie mittels der Psychoanalyse zu analysieren.
1920	In *Jenseits des Lustprinzips* gelangt Freud zum Triebdualismus von Tod und Eros.
1923	Bei Freud wird Krebs diagnostiziert. Bis zu seinem Tod muss er sich 33 Operationen unterziehen.
1930	Goethe-Preis der Stadt Frankfurt am Main; Erscheinen von *Das Unbehagen in der Kultur*.
1933	Im Mai dieses Jahres werden Bücher Freuds von den Nazis verbrannt.
1938	Freud emigriert nach Großbritannien.
1939	23. September: Sigmund Freud stirbt in London.

Nebenfiguren

Im Roman werden zahlreiche Nebenfiguren eingeführt. Sie erfüllen einerseits die Funktion, die Orte der literarischen Handlung milieuspezifisch bzw. regionaltypisch auszugestalten, z. B. verleihen sie dem Roman durch ihre Sprache ein typisches Lokalkolorit. Andererseits vermitteln sie für die Handlung wichtige Kontextinformationen zu den zeitgenössischen gesellschaftlichen und politischen Hintergründen der literarischen Handlung und machen durch ihre Verhaltensweisen sichtbar, wie einzelne Bevölkerungsteile Wiens auf die politischen Veränderungen reagieren. Im Folgenden werden nur die Nebenfiguren vorgestellt, die für die Handlung des Romans eine besondere Bedeutung haben bzw. wiederholt auftreten.

Alois Preininger: Preininger ist einer der reichsten Geschäftsmänner im Salzkammergut, unterhält mit Franz' Mutter eine Affäre und unterstützt seine Geliebte mit regelmäßigen finanziellen Zuwendungen. Auch wenn er Franz gegenüber keine väterlichen Pflichten erfüllt, so tritt er in wirtschaftlicher Hinsicht als Ernährer der Familie auf. Im Spätsommer 1937 trifft ihn während des Schwimmens im Attersee der Blitz, und er stirbt. Der Roman widmet der Figur Preininger vergleichsweise viel erzählerische Aufmerksamkeit (S. 10–14).

■ Erzählerische Aufmerksamkeit für eine Nebenfigur

Folgende Gründe können hierfür genannt werden: Einerseits repräsentiert Preininger einen spezifischen Typus Mann, der – wie durch die Anwesenheit zahlreicher trauernder Frauen bei seiner Beerdigung deutlich wird – nicht nur mit Frau Huchel leidenschaftlich intim war. Was dieses offensive Ausleben von Sexualität anbelangt, ähnelt er in gewisser Weise der selbstbewussten Anezka, die sich im Übrigen ebenso leidenschaftlich dem Essen hingibt wie der Geschäftsmann aus dem Salzkammergut. Außerdem trägt die

■ Ähnlichkeiten zwischen Preininger und Anezka

Figur Preininger zur Charakterisierung von Franz' Mutter bei, deren Verhältnisse zu Männern wiederholt thematisiert werden.

Charakterisierung Frau Huchels

Preiningers außergewöhnlicher Tod durch Blitzschlag kann als schicksalhaftes Ereignis gedeutet werden, das sich in eine ganze Kette anderer negativer Vorausdeutungen einreiht, die auf den ersten Romanseiten genannt werden, z. B. das heftige Gewitter. Nicht zuletzt setzt Preiningers Ableben auch die eigentliche Handlung des Romans, Franz' Reise nach Wien und alle dort folgenden Entwicklungen, in Gang.

Tod als schicksalhaftes Ereignis mit symbolischer Bedeutung

Kleine Dame am Bahnhof: Gleich nach seiner Ankunft am Wiener Bahnhof trifft Franz auf eine »kleine Dame« mit »rötlich entzündeten Augen« mit geplatzten Adern, die trotz der Mittagshitze »einen schweren Lodenmantel und [...] eine schäbige Pelzmütze auf dem Kopf« trägt (S. 20 f.). Sie warnt Franz vor den schlechten Zeiten, »[f]aulig, verdorben und verkommen« (S. 21).

Die Figur trägt äußerliche Attribute des Verfalls und des bevorstehenden Untergangs und kann deshalb als Vorbotin verstanden werden, die nicht zufällig an einer Transferpassage, dem Bahnhof, auftaucht. Ihre Hinweise lassen sich sowohl auf Franz' individuelles Schicksal wie auch auf die politischen und gesellschaftlichen Ereignisse der Zeit beziehen.

Vorbotin einer Katastrophe

Die Kundschaft in Trsnjeks Trafik: Trsnjeks Kundschaft, zu der viele Juden zählen, führt dem Leser in Form literarischer Stereotype Vertreter der Wiener Gesellschaft vor. Es treten zum einen namenlose bzw. durch ihre soziale Zugehörigkeit gekennzeichnete Figuren auf wie »die Arbeiter«, »die Rentner«, »die Studenten« (S. 31) oder auch »[d]ie Männer«, die sich verschämt für die »Zärtlichen Magazine« interessieren (S. 33). Zum anderen gibt es auch stärker konturierte Charaktere wie »Frau Dr. Dr. Heinzl«, die ihre Titel durch geschickte Heirat erwarb (S. 30 f.), oder den »pensionierte[n] Parlamentsdiener Kommerzialrat Ruskovetz«, der die Trafik stets in Begleitung seines inkontinenten Dackels aufsucht (S. 31). Nach den antijüdischen Angriffen auf die Trafik bleibt ein Großteil dieser Kundschaft aus.

Fleischermeister Eduard Roßhuber und Frau: Roßhuber betreibt mit seiner Frau eine Fleischerei in der unmittelbaren Nachbarschaft der Trafik und sympathisiert mit den nach der politischen Macht greifenden Nationalsozialisten.

■ Sympathisant der Nationalsozialisten

Zwischen Trsnjek und Roßhuber kommt es nach Angriffen auf die Trafik zu lautstarken Auseinandersetzungen. Franz beschuldigt Roßhuber schließlich, Trsnjek bei der Gestapo denunziert zu haben und deshalb für den Tod des Trafikanten verantwortlich zu sein (S. 193–196). In dieser Konfrontation zeigt die Figur des Roßhuber eine unerwartete Facette, die vermuten lässt, dass er die Konsequenzen seines

Handelns weder absehen konnte noch gewünscht hat. Regungslos nimmt er Franz' Anschuldigungen hin und lässt sich sogar von ihm schlagen: »Erst lange nachdem Franz [...] die Fleischerei verlassen hatte, bewegte er sich wieder. Ganz langsam hob er beide Hände und ließ mit einem langgezogenen, dumpfen Stöhnen sein Gesicht in seine Handflächen sinken« (S. 196).

Hubert Panstingl (Der »Rote Egon«): Auch Panstingl gehört zur Kundschaft der Trafik. Den Spitznamen »Roter Egon« trägt der »bezirksbekannte[ ] Spiegelsäufer«, weil er trotz eines Parteiverbots »zu allen Gelegenheiten öffentlich und lautstark [als] bekennender Sozialdemokrat« (S. 32) auftritt. Die Konsequenzen dieser politischen Frontstellung gegen die um sich greifende nationalsozialistische Ideologie werden in einer Schlüsselpassage des Romans erzählt, die am Schicksal des »Roten Egon« den Umgang der Nazis mit politischem Widerstand exemplarisch vorführt. Zugleich wird anhand der Ereignisse, die am Abend des 11. März 1938 stattfinden, als Panstingl an einer Hauswand ein gegen die Nazis gerichtetes Plakat entrollt und vor seiner Festnahme in den Tod springt (S. 144 f.) die Gleichschaltung der Medien thematisiert. So bezweifeln Trsnjek und Franz den Wahrheitsgehalt der Zeitungsmeldungen, die über Panstingls Tod berichten.

■ Politischer Gegner der Nazis

Der Briefträger Heribert Pfründner: Pfründner, der im Bezirk der Trafik die Post austrägt, tritt in der Romanhandlung mehrfach auf. Er vermittelt eine Wahrnehmung der nationalsozialistischen Machtergreifung in Österreich, wie sie vermutlich unter den Bevölkerungsteilen, die nicht unmittelbar unter den Repressionen der Nazis litten oder politischen Widerstand leisteten, weit verbreitet war. Zunächst reagiert Pfründner mit Anpassungsbereitschaft auf die neuen Strukturen, befürchtet er doch andernfalls die Verschlechterung seiner Arbeitsbedingungen. Seine Beobachtungen vermitteln – zunächst weitgehend neutral – einschneidende Veränderungen, so z. B. die Kontrolle von Postsendungen oder die Überwachung der Wohnung Sigmund Freuds durch Beamte der Gestapo. Die in die Öffentlichkeit dringenden Nachrichten über den Umgang mit der jüdischen Bevölkerung bereiten ihm allerdings moralisches Unbehagen (S. 210 f.). Letztlich resultieren aus seinen Bedenken aber keine Handlungen.

■ Mitläufer

Mrs. Buccleton und Anna Freud (Sigmund Freuds Tochter): Beide Figuren treten in Freuds Wohnung in der Berggasse 19 auf und werfen aus jeweils anderer Perspektive Schlaglichter auf Sigmund Freud und sein Werk.

Mrs. Buccleton ist eine reiche, bereits zweimal verwitwete Amerikanerin und befindet sich bei Freud in Behandlung. Die literarische Vermittlung ihrer therapeutischen Behandlung im Roman kann als ironische

■ Reiche Amerikanerin mit Esssucht

Überzeichnung der psychoanalytischen Praxis verstanden werden und entspricht in weiten Teilen gängigen Klischeevorstellungen von Freuds Seelenkunde, die auch in Franz' anfänglichen Vorstellungen vom Vorgehen des »Deppendoktor[s]« anklingen (S. 38). So bricht Mrs. Buccleton in hysterisches Schluchzen aus und bittet den Professor um Hilfe bei der Bewältigung ihrer Fressattacken.

Tochter und legitime Nachfolgerin Freuds

Freuds Tochter Anna lebt bei ihren Eltern und wird von ihrem Vater sowohl als »einzig legitime[] Nachfolgerin« und »treue[] Trägerin seines Werkes« wie auch als gute Köchin und fürsorgliche Vertrauensperson geschätzt (S. 70). Indem sie selbstbewusst Hosen trägt, zeigt sie sich als moderne Frau. Zugleich ist sie ihrem Vater gegenüber sehr fürsorglich, indem sie ihm beim Richten seiner Kiefer-Prothese hilft (S. 124). Auch warnt sie ihren Vater vor der zunehmenden Gefahr, die den Juden in Wien droht, und verlässt am Ende des Romans gemeinsam mit ihren Eltern die Stadt in Richtung England.

Heinzi (Der Conférencier im Lokal »Zur Grotte«): Heinzi arbeitet im Lokal »Zur Grotte«, in dem Franz' Geliebte Anezka als Nackttänzerin auftritt. Als Conférencier ist es seine Aufgabe, dem Publikum die Künstler anzukündigen. Zugleich tritt Heinzi selbst als »Monsieur de Caballé« in Erscheinung und präsentiert eine kabarettistische Nummer, in der er sich belustigend mit den politischen Verhältnissen in Wien auseinandersetzt und u. a. den nach der Macht strebenden Adolf Hitler imitiert und verhöhnt (S. 102–105, S. 111). Von Franz wird Heinzi verdächtigt, eine Affäre mit Anezka zu unterhalten.

Wiener Kleinkunstszene

Im Roman agiert Heinzi als Repräsentant der Wiener Kleinkunstszene, in der sich bissiges politisches Kabarett, das auch als eine Form der Kritik an den politischen Verhältnisse zu verstehen ist, und erotische Unterhaltung durchmischen. Nach dem Einmarsch Hitlers in Österreich ereilt Heinzi ein Schicksal, das auch viele andere Künstler traf, die sich kritisch zur politischen Situation äußerten. Er wird von der Gestapo verhaftet. Was nach der Verhaftung mit ihm geschieht, erfährt der Leser nicht. Das Lokal »Zur Grotte« wird nun von deutschen Soldaten besucht, die den auf der Bühne vorgetragenen antijüdischen Witzen applaudieren.

SS-Offizier in der »Grotte«: Der SS-Offizier ist »ein jüngerer Mann mit weichen Gesichtszügen und käsiger Haut« in »schwarzer Uniform« und trägt »einen Dolch an einer Kette um die Hüfte, die aus einer Reihe silbriger Totenköpfchen bestand« (S. 203). Er gehört zu dem Publikum, das nach dem Einmarsch Hitlers in Wien das Lokal »Zur Grotte« besucht. Außerdem ist er der neue Liebhaber Anezkas, die sich durch die Beziehung zu dem SS-Soldaten mit den neuen politischen Verhältnissen arrangiert und deshalb nicht das Schicksal ihres Kollegen Heinzi teilt.

Der Verhärmte (Gestapo-Mann): Der »Verhärmte« wird im Roman namentlich nicht weiter bezeichnet, sondern durch seine äußere Erscheinung und sein Auftreten charakterisiert. In der Romanhandlung tritt er zweimal auf. Zuerst führt er die Gestapo-Beamten an, die Otto Trsnjek wegen des Verkaufs »Zärtlicher Magazine« an jüdische Kunden verhaften (S. 155–158). Besonders charakteristisch für sein Auftreten ist die aufgesetzte Höflichkeit, mit der er das gewalttätige Vorgehen seiner Kollegen begleitet: »Mein lieber Herr Zeitungstandler, so etwas tut man doch nicht« (S. 156).

Aufgesetzte Höflichkeit

Das zweite Mal erscheint der »Verhärmte«, als Franz am Ende des Romans von der Gestapo verhaftet wird (S. 245–247). Auch hier fallen die überzeichnet höflichen Sprachfloskeln des Gestapo-Beamten auf, die jedoch von Franz' selbstbewusster Reaktion kontrastiert werden: »›Was Sinn hat und was nicht, wird sich erst herausstellen‹, sagte Franz« (S. 246). Die herablassende Überlegenheit, die sich in der Sprache des Gestapo-Beamten manifestiert, ist kennzeichnend für die neu gewonnene Macht der Nationalsozialisten.

Namenlose Frau, die über Franz' Aktion berichtet: Die namentlich nicht gekennzeichnete Frau berichtet kurz vor dem Ende des Romans im regionalen Dialekt über die Geschehnisse, die sich in einer Nacht nach der Abreise Freuds aus Wien vor der Gestapo-Zentrale im ehemaligen Hotel »Metropol« ereignet haben (S. 237–243). Ein bislang nicht bekannter Mann sei des Nachts einen der Fahnenmasten vor der

Gestapo-Zentrale hinaufgeklettert und habe die Fahne durch eine einbeinige Herrenhose ausgetauscht, die »[w]ie ein riesiger Zeigefinger« im Wind wehte (S. 242). Der Figurenbericht, der in ein Verkaufsgespräch in einem Lebensmittelgeschäft eingebettet ist, vermittelt die Informationen über die nächtlichen Ereignisse in Form von Gerüchten und unbestätigter, voneinander abweichender Beobachtungen. Diesem Bericht kommt im Roman eine besondere Bedeutung zu, da der Leser nur auf diese Weise erfährt, welchen konkreten Hintergrund Franz' Verhaftung hat. Durch die besondere Form der erzählerischen Vermittlung, bei der Floskeln des Verkaufsgesprächs, Ereignisbericht und belanglose Kommentare nebeneinanderstehen, erhält Franz' individuelles Schicksal den Charakter eines nur kurzzeitig interessanten Gerüchtes, das im Durcheinander der politischen Situation rasch an Kontur und Bedeutung verlieren wird.

Bericht über die Geschehnisse vor der Gestapo-Zentrale

4. Form und literarische Technik

Gattung

Robert Seethalers Roman *Der Trafikant* erzählt im Wesentlichen von der inneren Entwicklung des 17-jährigen Franz Huchel. Franz verlässt seine behütete Heimat im Salzkammergut, trifft in der Metropole Wien prägende Menschen, erlebt die erste Liebe und wird mit den Auswirkungen des politischen Systemwandels in Österreich konfrontiert, die ihn zur eigenen Urteilsbildung herausfordern. Am Ende des Romans ist aus dem naiven Landbuben ein selbstbewusster junger Mann geworden.

Erwachsenwerden im Fokus

Da im Zentrum des Textes der Prozess und die Erfahrungen des Erwachsenwerdens der Figur Franz Huchel stehen, lässt er sich dem Genre des sogenannten »Adoleszenzromans« zuordnen. Der Begriff »Adoleszenz« bezeichnet die physischen, psychologischen und sozialen Aspekte der Entwicklung von der späten Kindheit, über die Pubertät bis zum Eintritt in das Erwachsenenalter, wobei jeweils die gesellschaftlichen und kulturellen Kontexte den Verlauf der Adoleszenz beeinflussen. Adoleszenz verläuft somit nicht zu allen Zeiten gleich, sondern ist maßgeblich vom jeweiligen Zustand einer Gesellschaft abhängig.

Literarische Auseinandersetzungen

Erste literarische Auseinandersetzungen mit der Zeitspanne der Adoleszenz finden sich in der deutschen Literaturgeschichte u. a. in klassischen Bildungs- und Entwicklungsromanen, z. B. in Johann Wolfgang

Goethes Briefroman *Die Leiden des jungen Werther* (1774). Goethes Roman kommt für das Genre des Adoleszenzromans insofern eine besondere Bedeutung zu, als er für Ulrich Plenzdorfs *Die neuen Leiden des jungen W.* (1972) – einen bedeutenden Text der Adoleszenzliteratur des 20. Jahrhunderts – einen wichtigen Referenztext darstellt.

Begriff Adoleszenz

Ebenen der Adoleszenz (nach Carsten Gansel[5])

- Physiologisch umfasst Adoleszenz die Gesamtheit der körperlichen Entwicklung, wobei die sexuelle Reifung von besonderer Bedeutung ist.
- Psychologisch meint Adoleszenz den Komplex individueller Vorgänge. Sie betrifft die Auseinandersetzung junger Leute mit ihrem »Ich«, ihrer Sexualität, den sozialen Beziehungen, den Hoffnungen und Zielen sowie dem Hineinwachsen in die Erwachsenenwelt.
- Soziologisch betrachtet, handelt es sich bei der Adoleszenz um eine Art Zwischenstadium, in dem Jugendliche zu einer verantwortungsvollen, aktiven Teilnahme an gesellschaftlichen Prozessen motiviert werden, eine institutionelle Absicherung aber noch nicht besteht.

5 Carsten Gansel, *Moderne Kinder- und Jugendliteratur. Vorschläge für einen kompetenzorientierten Unterricht*, Berlin [4]2010, S. 167.

Darstellung von Adoleszenz in der Literatur

Größere Aufmerksamkeit findet die Adoleszenz als Thema der Literatur ab 1800, als das Interesse an der psychologischen und sozialen Entwicklung von Kindern und Jugendlichen zunimmt. Als eigenes literarisches Genre, mit dem sich auch Literaturkritik und Literaturwissenschaft intensiv befassen, konstituiert sich der Adoleszenzroman hauptsächlich im 20. Jahrhundert. Wurde der Adoleszenzroman in den zurückliegenden Jahrzehnten verstärkt als Genre der Kinder- und Jugendliteratur diskutiert, sind in den letzten Jahren zahlreiche Texte erschienen, die im Sinne einer All-Age-Literatur einen breiten Leserkreis unterschiedlichen Alters ansprechen. Wichtige jüngere Vertreter dieses literarischen Genres sind beispielsweise Wolfgang Herrndorfs *Tschick* (2010) oder Bov Bjergs *Auerhaus* (2015). Da Seethaler Handlung und Figuren seines Romans *Der Trafikant* in einem zeitgeschichtlichen Kontext situiert, kann der Text als »historischer Adoleszenzroman« bezeichnet werden.

Merkmale des Adoleszenzromans

Der Literaturwissenschaftler und -didaktiker Carsten Gansel hat eine Typologie des »klassischen« Adoleszenzromans vorgeschlagen[6], der sich wesentliche Aspekte von Seethalers Roman zuordnen lassen.

Die thematische Fokussierung und literarische Gestaltung der Adoleszenzthematik in Seethalers Roman folgt weitgehend den klassischen Genrekonventionen, wodurch er sich von den sogenannten postmodernen bzw. popliterarischen Adoleszenzromanen

6 Gansel (s. Anm. 5), S. 168.

Merkmale des Adoleszenzromans (nach Carsten Gansel)	***Der Trafikant***
Im Zentrum der Darstellung stehen ein oder mehrere jugendliche Helden, wobei sich die Darstellung […] auf die Jugendphase konzentriert.	Erzählt wird die Entwicklungsgeschichte des 17-jährigen Franz Huchel. Der Roman beschränkt sich auf die Darstellung ca. eines Jahres im Leben der Hauptfigur. Im weiteren Sinne ist auch Anezka als adoleszente Figur des Romans zu berücksichtigen.
Die jugendlichen Hauptfiguren können in einer »existenziellen Erschütterung« oder in einer »tiefgreifenden Identitätskrise« angetroffen werden […].	Franz verlässt seine Heimat, erlebt die erste Liebe mit vielen Momenten des emotionalen Schmerzes und verliert mit Trsnjek (Verhaftung und Tod in Gefangenschaft der Gestapo) und Freud (Ausreise nach England) wichtige Bezugspersonen, wodurch Franz' Vaterlosigkeit gleich zweimal symbolisch thematisiert wird.
Typische Problembereiche des Adoleszenzromans	
Ablösung von den Eltern	Franz verlässt die Obhut seiner Mutter, die ihn bislang allein großgezogen hat, reflektiert das Verhältnis zum Elternteil und emanzipiert sich in der schriftlichen Kommunikation in der familiären Beziehung.

Die Ausbildung eigener Wertvorstellungen (Ethik, Politik, Kultur usw.)	Trsnjek führt Franz an die Zeitungen als Medien der Meinungsbildung heran. Durch den Kontakt zu Trsnjek und Freud findet Franz im Verlauf der Romanhandlung eigene kritische Positionen zur politischen Lage in Wien, der Behandlung jüdischer Bürger und politisch Andersdenkender.
Das Erleben erster sexueller Kontakte	Mit Anezka sammelt Franz die ersten sexuellen Erfahrungen, die für ihn gleichermaßen erfüllend und leidvoll sind.
Das Entwickeln eigener Sozialbeziehungen	Sowohl der Beziehung zu Trsnjek als auch zu Freud kommt im Roman Bedeutung zu. Vor allem das Verhältnis zu Freud wird von Franz eigenaktiv gestaltet.
Das Hineinwachsen oder Ablehnen einer vorgegebenen sozialen Rolle	• Franz wächst in die Rolle des Trafikanten hinein, übernimmt nach Trsnjeks Verhaftung sogar die Geschäftsführung. • Er befreit sich aus seiner Rolle als kindlich-naiver Sohn und verblendeter Liebhaber.

unterscheiden lässt.[7] Anette Sosna liest den Roman *Der Trafikant* deshalb als »historische[n] All-Age-Roman« und »Gegenentwurf« zu den postmodernen Gattungsvertretern:

> »Erkennbar sind [in Seethalers Roman] dabei nicht nur eine lineare Handlungsfolge, sondern auch auktoriale und personale Erzählstrategien, die im Vergleich zu postmodernen Adoleszenzromanen einen tendenziell homogenen Erzählfluss zur Folge haben. [...] [Der Roman] schildert anschaulich, wie der explorative Adoleszenzprozess des Protagonisten und das expandierende sowie zunehmend rigide ideologische System des Nationalsozialismus kollidieren. Die Auswirkungen nationalsozialistischen Denkens werden dabei für Franz Huchel zur ›Pro-Vokation‹ im wörtlichen Sinne: zur ›Hervorrufung‹ und Beförderung der für die Phase der Adoleszenz grundlegenden und charakteristischen Prozesse.«[8]

7 Der Literaturwissenschaftler und -didaktiker Heinrich Kaulen beschreibt, wodurch sich die postmoderne Adoleszenzliteratur von den klassischen Genrevertretern unterscheidet: »Verzicht auf eine kohärente Sinnkonstruktion«, »die Aufsprengung einer linearen Handlungsfolge in zahlreiche mehr oder weniger fragmentarische Einzelepisoden« bzw. die Abkehr von »traditionellen Vorstellungen von Identitätsfindung, von Autonomie und Persönlichkeit« (Heinrich Kaulen, »Jugend- und Adoleszenzromane zwischen Moderne und Postmoderne«, in: *1000 und 1 Buch* 1 (1999) S. 4–12, hier S. 9).

8 Sosna (s. Anm. 3), S. 54 f.

Textstruktur und Erzählweise

Der Roman *Der Trafikant* ist nicht durch eine äußere Kapitelstruktur gegliedert. Dennoch weist der Text zahlreiche inhaltlich voneinander abgrenzbare Abschnitte auf, so dass eine lockere Gliederung der Gesamthandlung zu erkennen ist.

Die erzählten Räume des Romans

Einen weiteren Gliederungsaspekt des Textes bilden die erzählten Räume, in und zwischen denen sich Franz bewegt. In dieser Hinsicht lässt sich der Roman in zweifacher Hinsicht strukturieren: Zum einen bilden die Heimat Nußdorf am Attersee und die Metropole Wien zwei voneinander abgrenzbare literarische Räume, die durch den Transferraum ›Eisenbahn‹ miteinander verbunden sind. Im Roman ist diese Passage für Franz jedoch in gewisser Weise eine ›Einbahnstraße‹, da er den Zug nur einmal in Richtung Wien besteigt. Eine Rückkehr ins Salzkammergut findet nicht statt.

Heimatraum

In den Rückblenden des Romans und der Kommunikation mit der Mutter wird der Heimatraum aber immer wieder imaginativ thematisiert und behält somit seine Relevanz für den literarischen Handlungszusammenhang.

Wien

Wien als literarischer Raum ist ungleich stärker strukturiert als der Heimatraum im Salzkammergut. Für Franz bildet Trsnjeks Trafik das Zentrum des Raums »Wien«. Hier eröffnet sich ihm unter Anleitung Trsnjeks ein neuer Zugang zur Welt (z. B. durch die Zeitungslektüre), von dort aus erschließt er sich

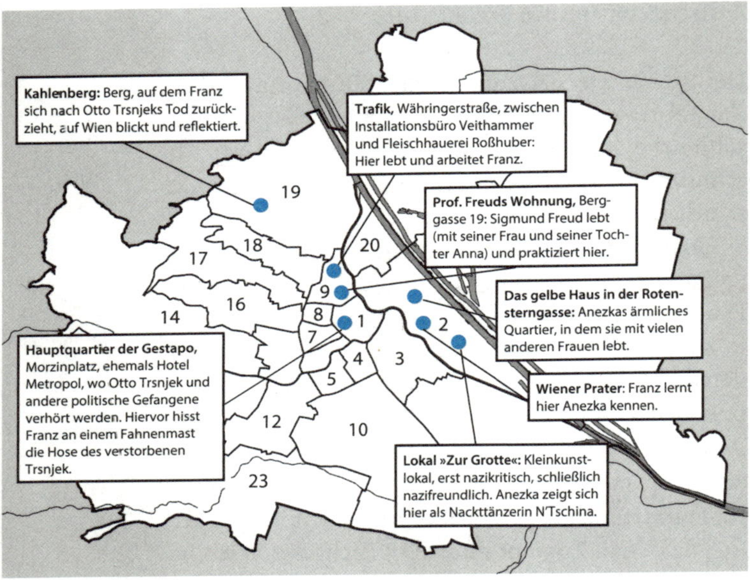

Abb. 3: Schaubild: Wien als literarischer Raum

die Metropole Wien, dort trifft er Freud und andere Bürger Wiens und im Hinterzimmer der Trafik erlebt er mit Anezka die ersten intimen Momente. Die Trafik bildet aber auch den Raum, der zum Objekt antijüdischer Angriffe und schließlich zum Schicksalsort gerät, da sowohl Trsnjek als auch Franz dort verhaftet werden.

■ Chronologie der Handlung

Die weitgehend chronologisch erzählte Geschichte um den jungen Franz Huchel umfasst den Zeitraum vom Spätsommer 1937 bis zum 7. Juni 1938. Die Romanhandlung endet nach einem Zeitsprung am Morgen des 12. März 1945, fast sieben Jahre nach Franz' Verhaftung durch die Gestapo. Anezka erscheint vor der verlassenen Trafik, nimmt den letzten von Franz verfassten Traumzettel vom Schaufenster der Trafik und hört die alliierten Bomberverbände heranziehen.

Narrative Rückblenden und Vorausdeutungen

Durchbrochen wird die Chronologie der Romanhandlung mehrmals durch Rückblenden und Vorausdeutungen, die in der literaturwissenschaftlichen Terminologie als Analepsen bzw. Prolepsen bezeichnet werden. In diesen Erzählpassagen werden für die Romanhandlung wichtige Informationen vermittelt (z. B. Erlebnisse aus Franz' Kindheit oder der Badeunfall Preiningers).

Zeitgestaltung

Die erzählerische Zeitgestaltung ist in den meisten Passagen zeitdeckend angelegt, z. B. in den in direkter Rede wiedergegebenen Dialogen, die Franz mit anderen Hauptfiguren führt. Verlangsamt wird der Fortgang der Romanhandlung hingegen in solchen Textpassagen, in denen Franz seine emotionale Situation, das Verhältnis zu anderen Figuren des Romans reflektiert (vor allem zu Anezka, seiner Mutter, Trsnjek und Freud) oder über die gesellschaftlichen Veränderungen in Wien sinniert. Dies ist beispielsweise der Fall, als Franz nach dem Tod Trsnjeks auf dem Kahlenberg über die jüngsten Ereignisse nachdenkt (S. 197–202). Zeitsprünge finden sich im Roman z. B. dort, wo bestimmte Handlungs- und Konfliktentwicklungen verdeutlicht werden sollen (z. B. »Ein paar qualvolle Wochen nach dem ersten Beben in der Trafik wurde

Franz mitten in der Nacht von einem leisen Klopfen aus dem Halbschlaf gerissen«, S. 96; oder der Sprung ins Jahr 1945 nach Franz' Verhaftung, S. 247 f.).

Erzählweise

Der Roman setzt mit Vorausdeutungen eines auktorialen Erzählers ein, wodurch gleich zu Beginn deutlich wird, dass es sich im Weiteren nicht ausschließlich um eine personal gebundene Erzählung über das Schicksal des jungen Franz Huchel handelt:

> »An einem Sonntag im Spätsommer des Jahres 1937 zog ein ungewöhnlich heftiges Gewitter über das Salzkammergut, das dem bislang eher ereignislos vor sich hin tröpfelnden Leben Franz Huchels einen ebenso jähe wie folgenschwere Wendung geben sollte« (S. 7).

Auktoriale Exposition / personales Erzählen

Trotz dieser auktorialen Exposition wird der größte Teil des Romans aus der personalen Perspektive der Hauptfigur Franz Huchel erzählt. Mehrmals wechselt die Erzählung aber auch zur Sichtweise anderer Figuren. Besonders deutlich wird der Perspektivenwechsel z. B. in der Schilderung des Badeunfalls aus Preiningers Sicht (S. 12–14), der Therapiesitzung, die Freud mit Mrs. Buccleton (S. 115–120) abhält oder dem Bericht der einkaufenden Frau, die die nächtlichen Geschehnisse vor dem Hauptquartier der Gestapo vermittelt (S. 237–243).

Funktionen des personalen Erzählens

Das im Roman dominierende personale Erzählen ermöglicht einen Einblick in Wahrnehmung und Gedankenwelt einzelner Figuren und führt mit Blick auf

Franz Huchel dicht an das individuelle Schicksal des Jungen aus dem Salzkammergut heran. Da die erzählerische Vermittlung aber nicht durchgehend von einer einzelnen Wahrnehmungsinstanz abhängig ist, entsteht im Gesamtzusammenhang des Romans ein multiperspektivischer Blick auf die Ereignisse der Handlung.

Auktoriale Einschübe

Die Kommentare des auktorialen Erzählers, die sich wiederholt im Roman finden, haben die Funktion, wichtige Kontextinformationen zu liefern. So berichtet der auktoriale Erzähler z. B. vom brutalen Vorgehen der Nationalsozialisten gegen Juden und politische Gegner in Wien. Zugleich wird durch die auktoriale Rahmung des Romangeschehens signalisiert, das Franz' Schicksal exemplarisch für die Herausforderungen des Erwachsenwerdens im Kontext repressiver gesellschaftlicher und politischer Verhältnisse zu verstehen ist.

Weitere Textebenen: Briefe und Traumzettel

Gesteigert wird die erzählerische Komplexität des Romans durch weitere Kommunikationsebenen, die in den Text eingelassen sind. Zum einen ist die schriftliche Kommunikation zu nennen, die Franz nach seiner Abreise aus dem Salzkammergut mit seiner Mutter regelmäßig unterhält. Schicken sich Mutter und Sohn anfänglich nur Postkarten, weitet sich der schriftliche Austausch im Laufe der Romanhandlung zur umfänglichen Briefkommunikation aus. Dieser Moduswechsel der schriftlichen Kommunikation ist in gleich mehrfacher Hinsicht aufschlussreich: Einerseits zeichnet sich hierdurch eine Entwicklung

Franz Huchels ab. Seine Sichtweisen und Wahrnehmungen werden komplexer, sein Horizont erweitert sich und ihm gelingt eine zunehmend intensivere Auseinandersetzung mit dem individuellen Befinden, dem er in der Form des Briefes Ausdruck zu verleihen sucht. Andererseits dokumentiert die Veränderung der schriftlichen Kommunikation auch eine Entwicklung des Verhältnisses von Mutter und Sohn. Man hat sich nicht nur einfach ›mehr‹ zu sagen. Franz' Befreiung aus seiner Rolle als unselbständiger Sohn, die sich bereits andeutet, als er zu Beginn des Romans die vom Tod Preiningers erschütterte Mutter tröstet, findet in den Briefen eine klare Form.

Traumzettel

Eine weitere Form der schriftlichen Kommunikation, die aber anders als die Briefe keinen konkreten Adressaten haben bzw. sich vielmehr an ihren Urheber selbst richten, sind die Traumzettel, die Franz einem Rat Freuds folgend schreibt (S. 78). Auf diesen Zetteln notiert Franz den Inhalt seiner Träume, die ihn in der Folge seiner Beziehung zu Anezka immer häufiger heimsuchen. Die erzählerische Bedeutung der Traumzettel kommt u. a. dadurch zum Ausdruck, dass der Roman mit Franz' letztem Zettel vom 7. Juni 1938 endet, in dem vom heimatlichen »See« und »Geranien« die Rede ist (S. 250), und auf diese Weise einen symbolischen Bezug zum Beginn der Romanhandlung herstellt.

Bildlichkeit und Symbolstruktur

Franz' Traumzettel, die im größeren Zusammenhang von Freuds Interesse am Unbewussten stehen, weisen bereits auf die symbolische Bedeutung der Sprache hin, die im gesamten Roman eine wichtige Rolle spielt.

Angesichts der regelrechten Häufung der Symbole und sprachlichen Bilder, die sich im Roman finden, wirkt der folgende poetologische Kommentar des Autors Seethaler beinahe ironisch: »Eigentlich mag ich Symbole oder Metaphern nicht besonders, sie gehen meist schief. Trotzdem ertappe ich mich immer mal wieder dabei, dass ich sie schreibe, aber das ist gar nicht so gedacht.«[9] Bereits die erste Seite des Romans lässt sich gewissermaßen als Gegenbeweis lesen, denn sie bietet zahlreiche Symbole, z. B. die geköpften Geranien, die auf Franz' Schicksal vorausdeuten und im Verlauf der Handlung mehrfach wieder aufgenommen werden (vgl. S. 7). Der Roman etabliert somit eine komplexe symbolische Motivstruktur, die Aufschluss über Franz' innere Zustände und gesellschaftlich-politische Entwicklungen gibt.

Häufung von Symbolen und anderen sprachlichen Bildern

9 Robert Seethaler im Gespräch mit Anne Otto: »Freud kennt sich mit der Liebe auch nicht aus«, in: *Psychologie Heute* 5 (2015). (Online einsehbar unter: www.robert-seethaler.de/#c43)

Geranie (S. 7, 8, 246, 250)	Als Symbol stehen Geranien (auch in der Traumdeutung) als gutes Omen in häuslichen und familiären Kontexten. Im Roman erfährt dieses Symbol jedoch von Beginn an eine negative Umdeutung, da die Blumen vor dem Fenster von Franz' Fischerhaus vom Unwetter »geköpft« werden. Kurz vor Franz' Verhaftung wiederholt sich diese ›Enthauptung‹, wodurch die negative Vorausdeutung des Romanbeginns noch einmal aufgegriffen und durch Franz' Inhaftierung schließlich auch bestätigt wird. Am Schluss des Romans werden die Geranien auf Franz' letztem Traumzettel nochmals erwähnt und erinnern an das Schicksal des Trafikantenlehrlings.
See (S. 100, 162 u. ö.)	Der See fungiert im Roman als ambivalenter Sehnsuchtsort, der von Franz und auch seiner Mutter mehrfach thematisiert wird. Er symbolisiert einerseits Franz' Heimat, andererseits kommt ihm eine schicksalhafte Bedeutung zu. Denn der See ist auch der Todesort Preiningers. Schließlich träumt Franz in der Nacht vor seiner Verhaftung vom heimatlichen See, wodurch dessen Bedeutung als Ort der Sehnsucht und Ort des Schicksals noch einmal verdeutlicht wird.
Riesenrad (S. 47, 59)	In das Riesenrad zieht sich Franz zurück, als Anezka ihn beim ersten Treffen sitzenlässt. Es symbolisiert das Auf und Ab der Beziehung zwischen Franz und Anezka und allgemeiner auch das des Verlaufs der Geschichte. Schließlich erscheint es Franz auch im Traum (S. 180) und steht dort für das bevorstehende Schicksal Wiens.

Nachtfalter (S. 109, 113)	Der sich verbrennende Nachtfalter symbolisiert Franz' Verhältnis zu Anezka. Auch Franz umflattert Anezka wie ein Nachtfalter und verbrennt sich schließlich im übertragenen Sinne an dem Mädchen.
Weberknecht (S. 221/230)	Der Weberknecht stellt einen bildhaften Vergleich zum gealterten Sigmund Freud dar.
Tote Kuh (S. 18)	Der Kuhkadaver liegt auf dem Zuggleis, blockiert Franz' Reise nach Wien und ist ein bedrohliches Vorzeichen.
Fischerhaus am Attersee (S. 7)	Das Haus ist ein Schutzraum für Franz, in den er sich vor dem Gewitter flüchtet.
Fass vor dem Fischerhaus (S. 53 f.)	Anezkas Blick erinnert Franz an das hölzerne Fass vor dem Fischerhaus, in das er in der Kindheit einmal gestiegen ist. Die tote Ratte, die im Fass ertrank, macht die Erinnerung wiederum zum negativen Vorzeichen der Beziehung zu Anezka.
Pestvogel (S. 137)	Der Pestvogel wird von Freud als Hinweis auf die bevorstehende politische Katastrophe in Österreich gedeutet.
Zahnverlust (S. 185)	Franz verliert einen Zahn, als er aus dem Hauptquartier der Gestapo geworfen wird. Das aus der Traumdeutung bekannte Symbol steht hier für Unsicherheit und bevorstehenden Wandel. Über den Bezug zu Anezkas Zahnlücke erhält der Zahnverlust aber auch eine sexuelle Bedeutung.
Hose (S. 241 f.)	Franz hisst Trsnjeks Hose vor dem Gestapo-Hauptquartier, wo sie als Symbol seines Widerstandes und als Erinnerung an Trsnjek für eine Nacht weht.

Anezkas Schaukel (S. 51)	Die Schaukel, auf der Anezka im Roman eingeführt wird, steht für die Leichtigkeit des Mädchens in allen Lebensbereichen. Zugleich symbolisiert sie die Überhöhung und Idealisierung, mit der Franz Anezka wahrnimmt.

Sprache

Der Roman zeichnet sich durch eine leicht verständliche, rhetorisch nicht überladene, zugleich aber auch effektvolle Sprachverwendung aus.

■ Dialektale Färbung der Figurenrede

Durch häufig eingesetzte direkte Rede, in der dialektale oder soziolektale Eigenarten der Sprecher aufgegriffen werden, erhalten die Figuren charakteristische Züge. Anezkas Figurenrede ist beispielsweise markant von ihrer böhmischen Herkunft geprägt, Freud verfügt über ein bildungssprachlich-wissenschaftliches Sprachregister, die einkaufende Frau, die von den nächtlichen Ereignissen vor der Gestapo-Zentrale berichtet, schlägt eine typisch-wienerische Tonart an und Franz' Figurenrede ist einem ländlich-österreichischen Sprachgebrauch verpflichtet.

Sowohl in Passagen der personalen Figurenrede als auch in den auktorialen Erzählerkommentaren ist die Sprache des Romans außerdem durch eingängige Vergleiche und Sprachbilder geprägt (z. B. wenn Franz Anezkas Zunge als »rosiges Tierchen« beschreibt, das »ins Freie hinausfühlte«, S. 54), die neben der bereits oben angesprochenen Symbolhaltigkeit zur Anschaulichkeit des Textes beitragen.

Eine besondere Bedeutung kommt bei der sprachlichen Gestaltung des Romans den zahlreichen ironischen und humorvollen Textpassagen zu. So tritt beispielsweise der pensionierte Kommerzialrat Ruskovetz stets mit seinem inkontinenten Dackel in der Trafik auf, der »gelbliche Tropfen auf die Dielen fallen ließ« (S. 31). Die überwiegend ernsthaften Probleme, mit denen sich die Figuren des Romans auseinandersetzen müssen, erhalten durch die humorvolle Zeichnung vieler Szenen, z. B. durch Trsnjeks deftig-derben Sprachgebrauch (S. 63), eine Leichtigkeit, die Seethalers Erzählweise in besonderer Weise kennzeichnet. Explizit thematisiert wird der sprachliche Humor in seiner gesellschaftskritischen Funktion darüber hinaus mit der Hitler-Parodie, die Heinzi im Lokal »Zur Grotte« aufführt (S. 103–105).

Ironie und Humor im Roman

Ein wichtiger Vermittler von Ironie im Roman ist die Figur Freud. So antwortet er z. B. auf die Frage des schwer von Liebeskummer geplagten Franz', ob in den vielen Büchern, die Freud in seinem Leben geschrieben habe, nicht etwas Hilfreiches zur Linderung des Liebesschmerzes geschrieben stünde, nur lapidar: »Ehrlich gesagt: Ich glaube nicht« (S. 75). Ebenfalls ironisch überzeichnet ist die Therapiesitzung mit der übergewichtigen Mrs. Buccleton, auf deren hysterischen Ausbruch Freud lediglich kurz und knapp mit den Worten: »Hören Sie auf, Torten zu essen!« (S. 120) reagiert.

Freud als Vermittler von Ironie

5. Quellen und Kontexte

Der Trafikant erzählt die fiktive Geschichte Franz Huchels und schöpft hinsichtlich der literarischen Ausgestaltung recht deutlich aus der Tradition des Adoleszenzromans (vgl. Kap. 4, S. 59–64). Trotz dieser fiktionalen Grundkonstellation ist die Handlung des Romans selbst in einen Kontext mit deutlichen realgeschichtlichen Bezügen eingebettet, und auch die Figur des Sigmund Freud ist dem realen Erfinder der Psychoanalyse, der zur Zeit der Handlung in Wien lebte, nachempfunden.

Sigmund Freud und die Psychoanalyse

In einem Interview berichtet der Autor Robert Seethaler vom zweijährigen Entstehungsprozess des Romans:

> »Ich wollte gern über Freud schreiben, aber über ihn ist schon so viel gesagt worden, dass mir schnell klar war: Ich brauche einen anderen Zugang. Dieser Zugang kam über Franz – einen jungen Mann, der einen vorurteilsfreien Blick auf den alten Psychoanalytiker zulässt: Er guckt, wie Freud dasitzt, Zigarre raucht. Franz hat die Bücher von Freud nicht gelesen, trotzdem bekommt er einen Eindruck, was um ihn herum passiert, was ihm wichtig ist.«[10]

10 Robert Seethaler im Gespräch mit Anne Otto (s. Anm. 9).

Den Ausgangspunkt des Romans bildet somit das Interesse des Autors Seethaler an dem bedeutenden Wiener Psychoanalytiker, der mit seinen Studien zur Struktur und Entwicklung der menschlichen Psyche und der Bedeutung des Unbewussten, vor allem aber mit seinem 1899 erschienenen, jedoch auf 1900 vordatiertem Werk *Die Traumdeutung* großen Einfluss auf Wissenschaft und Kultur des 20. Jahrhunderts ausübte.

Auch wenn Freuds psychoanalytische Theorie heute vielfach hinterfragt wird, ist ihre Bedeutung für die Psychologie, Philosophie und Literatur nach wie vor ungebrochen. Zum Ausdruck kommt Freuds Bedeutung für die Gegenwart u. a. im nicht nachlassenden wissenschaftlichen und biografischen Interesse, wie z. B. Peter-André Alts jüngst erschienene, monumentale Freud-Biografie *Sigmund Freud. Der Arzt der Moderne* (2016) eindrucksvoll belegt.

Mit seinem Strukturmodell der menschlichen Psyche versuchte Freud zu erläutern, welche Konflikte sich daraus ergeben können, dass unbewusste Triebe und Bedürfnisse, z. B. die Sexualität, mit Normen und Erwartungen der Gesellschaft kollidieren.

Um solchen Konflikten auf die Spur zu kommen, hinter denen Freud oftmals die Ursache für psychische Probleme seiner Patienten vermutete, besprach er in seinen Therapiesitzungen u. a. auch deren Träume. Hier suchte Freud nach symbolischen Manifestationen der Triebe, Verdrängungen und Konflikte, die durch die Versprachlichung der Träume bearbeitet

Therapie und Träume

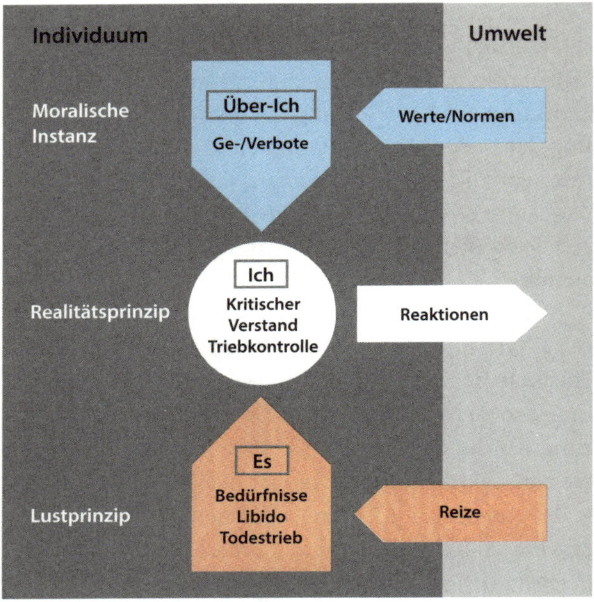

Abb. 4: Die drei psychischen Instanzen nach Freud

werden sollten. Selbst wenn die professionelle Freud-Forschung immer wieder moniert, dass die Fokussierung auf das Strukturmodell der Psyche und die Traumdeutung zu zahlreichen Missverständnissen geführt hätten, und Freuds wissenschaftliches Werk in der populären Rezeption häufig auf nur wenige Ausschnitte verkürzt würde, rufen doch gerade diese Aspekte nach wie vor eine große Resonanz in Literatur und Medien hervor. So ist auch die moderne Medienkultur reich an Verweisen auf Freud und Versatzstücke seines Werks. Selbst in der berühmten Trickfilmserie *The Simpsons* hatte der Wiener Professor schon einen Auftritt.

Auch in Seethalers Roman spielen die angesprochenen Aspekte der psychoanalytischen Theorie eine Rolle: Nicht selten haben die Gespräche des von seiner Libido geplagten Franz mit dem alten Professor Freud Züge einer ironisch gebrochenen Therapiesitzung. So fragt Franz ganz gezielt danach, ob er nicht einmal auf Freuds berühmter Couch liegen dürfe (S. 79) und schließlich trägt das Verfassen der Traumzettel auch tatsächlich dazu bei, dass Franz sich selbst besser versteht. Freilich darf nicht vernachlässigt werden, dass die zahlreichen ironischen Kommentare Freuds, z. B. dass er von der Liebe nichts verstünde, auch als Hinweise auf eine vereinseitigte Rezeption der Psychoanalyse verstanden werden können.

■ Psychoanalyse im Roman

In der literaturkritischen Diskussion des Romans wurde u. a. moniert, dass die literarische Figur Freud nur wenig mit dem realen Wissenschaftler zu tun habe. Dem wäre entgegenzuhalten, dass Robert Seethaler die literarische Figur Freud gerade aus der Perspektive des naiven Franz entstehen lässt und damit eine andere Sichtweise ermöglicht. In den Vordergrund rückt das Menschliche des gealterten Wissenschaftlers, das zumeist hinter dem Gebäude seiner Theorien verborgen bleibt.

■ Problematisches Freud-Bild des Romans?

Gesellschaftlich-politische Situation in Österreich 1937/38

Eng mit der Figur Sigmund Freuds verknüpft sind aber auch die Bezüge zur gesellschaftlich-politischen Umbruchsituation Wiens im Jahr 1938, in der die Romanhandlung angesiedelt ist. Robert Seethaler hebt die zeitgeschichtlichen Bezüge seines Romans in einem Interview hervor. Als er gefragt wird, ob seine Geschichte als »ein Symbol für etwas Größeres« zu lesen sei und der »Abschied von Freud für den Abschied von einer westlichen, aufgeklärten Welt« stehe, erklärt er:

> »Freud kann man sich einfach nicht ohne die Geschichte nähern. Es reicht aus, dass ich mich um das Kleine kümmere. Der große, zeitgeschichtliche Hintergrund schwingt dennoch immer mit.«[11]

Der junge Franz Huchel erreicht Wien im Jahr 1937 in einer Situation, in der die Metropole bereits deutlich gezeichnet ist von den angespannten politischen Verhältnissen der letzten Jahre. Nachdem im Januar 1933 Adolf Hitler in Deutschland zum Reichskanzler ernannt und die NSDAP nur wenige Wochen später zur stärksten politischen Partei wurde, etablierte sich auch in Österreich eine nicht-parlamentarische Regierungsform unter der Führung des Bundeskanzlers

11 Robert Seethaler im Gespräch mit Anne Otto (s. Anm. 9).

Engelbert Dollfuß. Bezeichnet wird diese Form des autoritären Regimes häufig als »Austrofaschismus«, wodurch die Orientierung am deutschen und italienischen Faschismus hervorgehoben werden soll. In der Geschichtswissenschaft ist der Begriff »Austrofaschismus« jedoch umstritten.[12]

Druck auf Österreich

Das nationalsozialistische Deutschland übte in den folgenden Monaten und Jahren massiven Druck auf Österreich aus, was u. a. am 25. Juli 1934 im sogenannten »Juliputsch« eskalierte, bei dem der Bundeskanzler Dollfuß ums Leben kam. Sein Nachfolger wurde Kurt Schuschnigg, der dem wachsenden Einfluss des Nationalsozialismus in Deutschland und Österreich nur wenig entgegenzusetzen vermochte. Hitler drängte Schuschnigg im Sommer 1936 zum sogenannten »Juliabkommen«, das Österreich zwar zunächst formal die Unabhängigkeit gegenüber Deutschland sicherte, zugleich jedoch den nationalsozialistischen Bestrebungen weitere Entfaltungsmöglichkeiten verschaffte. Zu Jahresbeginn 1938 setzte Hitler Schuschnigg gegenüber durch, dass die in Österreich verbotene NSDAP wieder zu-

12 Siehe hierzu sowie insbesondere zu der Zeit zwischen dem Anschluss Österreichs an Deutschland 1938 und dem Ende des Zweiten Weltkriegs 1945: Kurt Bauer, *Die dunklen Jahre. Politik und Alltag im nationalsozialistischen Österreich 1938–1945*, Frankfurt a. M. 2017, S. 13. Die besondere Bedeutung Wiens für die Machtergreifung Hitlers – die Nationalsozialisten trafen dort nur auf wenig Widerstand – hebt jüngst auch nochmals Manfred Flügge hervor: Manfred Flügge, *Stadt ohne Seele: Wien 1938*, Berlin 2018.

gelassen wurde und nationalsozialistische Politiker in Regierungsverantwortung kamen.

Im Februar desselben Jahres versuchte Schuschnigg, das politisch zunehmend zerrissene Österreich mit einer öffentlichen Ansprache zu einen und erhoffte sich, durch eine Volksbefragung die Souveränität seines Landes zu retten. Unter dem Druck Hitlers musste der österreichische Bundeskanzler diese Befragung jedoch absagen und konnte so keine Mehrheiten mehr organisieren. Mit seinem Rücktritt beugte er sich den Nationalsozialisten, die den militärisch erzwungenen Anschluss Österreichs an Deutschland bereits vorbereiteten.

■ Gescheiterte Volksbefragung und Rücktritt Schuschniggs

Der Einmarsch deutscher Militärverbände erfolgte schließlich am 12. März 1938, unmittelbar danach fand der Anschluss Österreichs an Deutschland statt. Nach der vollständigen Machtergreifung der NSDAP in Österreich setzten die Nationalsozialisten rasch ihre repressive Politik durch, wozu auch Grenzschließungen gehörten. Kurz nach dem deutschen Einmarsch wurden 70 000 politische Gegner und Andersdenkende verhaftet, insbesondere in Wien.

■ Einmarsch der Deutschen am 12. März 1938

Von einer breiten Bevölkerungsschicht, die auch den Einmarsch der Deutschen nach Österreich bejubelte, wurde der Machtwechsel begrüßt oder doch zumindest weitgehend unkritisch akzeptiert. Eine Figur des Romans, in der sich diese Mentalität spiegelt, ist beispielsweise der Briefträger Heribert Pfründner (S. 209 f.).

Zu leiden hatten unter den neuen politischen Ver-

Abb. 5: Einmarsch der deutschen Nationalsozialisten in Wien 1938 – © Bundesarchiv, Bild 146-1972-028-14 / Fotograf: o. Ang.

hältnissen – wie in Deutschland auch – vor allem jüdische Bürger, kritische Intellektuelle und Wissenschaftler, Künstler und politisch Andersdenkende. Sigmund Freud kann im Kontext des Romans exemplarisch für die von Anfeindungen und Angriffen betroffenen Wissenschaftler stehen, die gerade noch die Möglichkeiten ergreifen konnten, der bevorstehenden Verfolgung rechtzeitig zu entfliehen. So muss er, dessen Bücher in Deutschland längst der Bücherverbrennung zum Opfer gefallen waren, unter dem Druck der sich rapide zuspitzenden Verhältnisse Wien in Richtung England verlassen.

Repressionen in der Realität und im Roman

Seethalers Roman vermittelt ein eindringliches Panorama der Geschehnisse kurz vor, während und nach dem Anschluss Österreichs an das Deutsche Reich. Die Bezüge zum zeitgeschichtlichen Kontext werden dabei auf unterschiedliche Weise hergestellt:

Bezüge zum zeitgeschichtlichen Kontext	
Symbolische Andeutungen der angespannten politisch-gesellschaftlichen Situation	z. B. Hinweis der alten Dame, die Franz bei seiner Ankunft am Wiener Bahnhof trifft, auf »faulige Zeiten« (S. 21); Freuds Deutung des Pestvogels im Park als Vorbote einer heraufziehenden Katastrophe (S. 137).
Nennung von realen Akteuren bzw. Orten des zeitgeschichtlichen Kontextes	z. B. Kurt Schuschnigg, Adolf Hitler, Hotel Metropol (Hauptquartier der Gestapo).
Literarische Vermittlung politischer Schlüsselsituationen auf dem Weg zum Anschluss Österreichs	z. B. Ansprache Kurt Schuschniggs an das Österreichische Volk, in der er seinen Rücktritt verkündet (S. 143).
Reflexionen einzelner Figuren des Romans	z. B. reflektiert der Briefträger Heribert Pfründner die Konsequenzen des Anschlusses Österreichs für seinen beruflichen Alltag weitgehend unkritisch, berührt dabei aber auch den Umgang mit der jüdischen Bevölkerung (S. 209–211).
Antijüdische Anfeindungen und Angriffe	Die Trafik wird mit Hühnerblut beschmiert (»Schleich dich Judenfreund«, S. 61); die Auslage wird verwüstet, auf der Verkaufstheke liegen Hühnerköpfe (S. 151–153).

Bezüge zum zeitgeschichtlichen Kontext	
Verfolgung politisch Andersdenkender	Aus Protest gegen die Machtergreifung der Nationalsozialisten entrollt der überzeugte Sozialdemokrat Hubert Panstingl, der auch »Roter Egon« genannt wird, ein kritisches Plakat an einer Hauswand. Vor dem nahenden nationalsozialistischen Greiftrupp springt er von einem Hausdach in den Tod (S. 143–145).
Erzählerkommentare zu politisch motivierten Einzelereignissen	Der Erzähler berichtet, dass in der Gestapo-Dienststelle 15 jüdische Geschäftsleute verhört wurden und 452 politische Gefangene am Wiener Bahnhof auf den Abtransport ins KZ Dachau warten (S. 186).
Gleichschaltung der Medien	z. B. verfälschende Zeitungsberichte über die Ereignisse um das Protestplakat und den Tod des »Roten Egon« (S. 145–148).
Einschränkung der Meinungsfreiheit in verschiedenen gesellschaftlichen Bereichen (z. B. in Politik, Wissenschaft, Kunst).	Im Lokal »Zur Grotte« wurden vor dem Anschluss Österreichs noch beißende Satiren über Hitler aufgeführt (S. 102–105). Nach dem Einmarsch der Deutschen wurde der Künstler Heinzi verhaftet und es werden dem soldatischen Publikum systemkonforme und antijüdische Witze geboten (S. 202–204).

6. Interpretationsansätze

Die folgenden Interpretationen sind so angelegt, dass sie die in den vorangegangenen Kapiteln präsentierten Informationen exemplarisch auf ausgewählte Schlüsselpassagen des Romans beziehen. Die Deutungen fokussieren dabei Einzelaspekte, die sich in weiterführenden Auseinandersetzungen mit dem Text vertiefen bzw. erweitern lassen.

Erzählte Adoleszenz

Der Trafikant erzählt in einem genau umrissenen zeitgeschichtlichen Kontext von ca. einem Jahr das Leben Franz Huchels, der im Roman gewissermaßen wie im Zeitraffer die verschiedenen Etappen des Erwachsenwerdens durchlebt: Loslösung vom Elternhaus, erste sexuelle Erfahrungen, Erkundung neuer Bildungs- und Entwicklungsräume, das Erleben normativer Konflikte und die Arbeit an der eigenen Identität. Dass sich der Knabe aus seiner »bislang eher ereignislos vor sich hin tröpfelnden« (S. 7) und von der engen Bindung zur Mutter geprägten Existenz lossagt und in kürzester Zeit zum selbstbewussten jungen Mann reift, erscheint zunächst höchst unwahrscheinlich. Denn Franz wird als Träumer eingeführt, der seine Tage einzelgängerisch in der Natur verlebt, statt den für die Region typischen Arbeiten nachzugehen.

■ Schicksalhafter Beginn

Gleich zu Romanbeginn meldet sich jedoch ein auktorialer Erzähler zu Wort, der der Entwicklungs-

■ Auktorialer Einschub

geschichte des 17-jährigen Franz schicksalhafte Vorzeichen verleiht, wodurch die rasche Veränderung des Jungen motiviert erscheint. Das Gewitter, das an dem Spätsommertag, an dem die Handlung einsetzt, über das Salzkammergut zieht und vor dem sich der ängstliche Franz in die »Daunenhöhle« des Fischerhauses flüchtet, wird dem Leben des Knaben eine »folgenschwere Wendung« geben (S. 7).

Symbolische Vorzeichen

Dass der Erzähler bzw. der Text an dieser Stelle bereits mehr weiß als die Figur und der Leser, zeigt sich nicht nur an der proleptischen Erzählhandlung, sondern u. a. auch in der symbolischen Rahmung des Romanbeginns. Verknüpft ist der Ausblick des Erzählers mit Symbolen, die sich als negative Vorzeichen der bevorstehenden Handlung lesen lassen. Exemplarisch für diese symbolischen Vorausdeutungen können die »geköpfte[n] Geranien« (S. 7) stehen, die nach dem Gewitter in den Kübeln vor dem Fischerhaus treiben. Deren Bedeutung als Vorboten von Franz' Schicksal erschließt sich spätestens, wenn kurz vor dessen Verhaftung durch die Gestapo am Ende des Romans an einem Fenster gegenüber der Trafik einer Geranie mit einer Schere der Blütenkopf abgeschnitten wird (S. 246). An die Stelle der Naturgewalt (das Gewitter vom Beginn) tritt nun die menschliche Tat (Franz wird verhaftet und kommt wahrscheinlich um).

Durch den gesamten Roman hindurch bleibt diese dunkle symbolische Rahmung der Geschichte des Franz Huchel präsent (vgl. Kap. 4, S. 71), die im Weiteren sowohl auf das Einzelschicksal des Trafikantenlehrlings als auch auf die gesamte gesellschaftlich-politischen Entwicklungen in Wien bezogen werden kann. Auf diese Weise werden im Roman Franz' Geschichte und die gesellschaftliche Situation, in der er sich befindet, eng miteinander verknüpft.

Für die Bedeutung schicksalhafter Ereignisse im Roman lassen sich aber noch weitere Beispiele finden. So wird die folgenschwere Wendung in Franz' Leben, von der die auktoriale Erzählstimme eingangs berichtet, durch ein ebenfalls schicksalhaftes Vorkommnis in Gang gesetzt. Preininger, durch dessen finanzielle Zuwendungen sich Franz' Mutter den Lebensunterhalt sichert, wird während des Gewitters beim Baden im See vom Blitz erschlagen. Es fällt auf, dass gerade dieses tragische Ereignis mit besonderem literarischen Aufwand erzählt wird. In einem Moment lebensbejahender Euphorie reißt die Naturgewalt Preininger aus dem Leben. Die sprachliche Ästhetisierung des an sich furchtbaren Ereignisses macht aus Preiningers Ableben ein poetisches Schauspiel der Natur.

Preiningers Tod

Der Roman führt in dieser Szene gewissermaßen die »Erzählbarkeit« des Schicksals, d. h. dessen literarische Gestaltbarkeit, vor:

> »Ein erster Blitz tauchte den See für einen Augenblick in ein unwirkliches, silbriges Licht. Der Donner war ohrenbetäubend. Ein Krachen, das die Welt auseinanderzureißen schien. Alois lachte auf und plantschte wild mit Armen und Beinen. Er schrie vor Vergnügen. Noch nie hatte er sich so lebendig

> gefühlt. Das Wasser um ihn herum brodelte, der Himmel über ihm stürzte zusammen, aber er lebte. Er lebte! Er bäumte seinen Oberkörper aus dem Wasser und juchzte in die Wolken hinauf. Genau in diesem Moment schlug ein Blitz in seinen Kopf ein. Eine strahlende Helligkeit füllte sein Schädelinneres aus, und für den Bruchteil einer Sekunde fühlte er so etwas wie eine Ahnung von Ewigkeit in sich aufsteigen. Dann blieb sein Herz stehen, und mit einem erstaunten Gesichtsausdruck und eingehüllt in einen Schleier zartglitzernder Luftbläschen sank er auf den Grund.« (S. 13 f.)

Bedeutungen des »Schicksals«

Für eine Textdeutung kann die erzählerische Betonung des Schicksals mehrfach perspektiviert werden. Zunächst einmal ist das ›Schicksal‹ hier dramaturgisches Element, das die eigentliche Handlung des Romans überhaupt erst in Gang bringt. Ohne das spektakuläre Ableben Preiningers wäre Franz nicht gezwungen gewesen, seine Reise nach Wien anzutreten. Darüber hinaus bildet das Schicksal aber auch eine semantische Klammer, da im Roman sowohl von ›Einzelschicksalen‹ (Franz, Trsnjek, Freud, Anezka) als auch vom Schicksal ganzer Bevölkerungsgruppen erzählt wird (vor allem der jüdischen Bevölkerung und politisch Andersdenkender im Zuge des Anschlusses Österreichs an Deutschland).

Überträgt man schließlich den Begriff ›Schicksal‹ – die Einflusskraft, die das Leben eines Menschen jenseits seiner eigenen Entscheidungsfähigkeit beeinflusst – in einen poetologischen Kontext, so ergibt sich ein weiterer Aspekt: Im Roman waltet eine übergeordnete Sinngebungsinstanz. Der auktoriale Erzähler gibt sich jedoch nur an wenigen Stellen zu erkennen. Stattdessen dominiert eine personale Erzählweise. Dennoch behält der Erzähler als ›Konstrukteur des Schicksals‹ die Zügel der Handlung in der Hand. Der Roman ist daher nicht nur als zuweilen unwahrscheinliche Lebensgeschichte des Franz Huchel zu verstehen, sondern auf einer allgemeineren Ebene auch als eine Erzählung über die Möglichkeit eines guten Lebens in einer Welt, »die ins Wanken gerät«.[13]

Auktoriale Sinnstiftung

Die in der Romanexposition erzählte »folgenschwere Wendung« führt Franz nach Wien (S. 7). In der Großstadt findet Franz Entwicklungsräume vor, in denen er unterschiedliche Erfahrungen des Erwachsenwerdens macht. Wien bildet auf diese Weise eine ›Topografie der Adoleszenz‹, deren Räume sich verallgemeinert folgendermaßen bestimmen lassen:

Topografie der Adoleszenz

- Die Ausbildung eigener Wertvorstellungen (Ethik, Politik, Kultur usw.), Erweiterung des Bildungshorizonts: v. a. **Otto Trsnjeks Trafik**.
- Das Sammeln erster sexueller Erfahrungen: Kennenlernen von Anezka und Anbahnung sexuellen Kontakts im **Wiener Prater**; Intimitäten in **Franz Schlafkammer in der Trafik**; Anezkas Auftritt als Nackttänzerin im Lokal **»Zur Grotte«**.

13 Anne Otto im Gespräch mit Robert Seethaler (s. Anm. 9).

- Das Entwickeln eigener Sozialbeziehungen: **Otto Trsnjeks Trafik, Sigmund Freuds Wohnung in der Berggasse 19**.
- Selbstreflexion und Identitätsarbeit: in **Sigmund Freuds Wohnung in der Berggasse 19; auf dem Kahlenberg**.

Franz erreicht die österreichische Metropole noch ganz im Stadium des naiven Landbuben, über den die lebendige Großstadt auf allen Sinneskanälen hereinbricht. Der Roman kontrastiert hierbei die beschauliche, durch See, Fischerhaus und Wald geprägte Heimat im Salzkammergut mit der Urbanität Wiens im ersten Drittel des 20. Jahrhunderts:

Großstadt Wien

> »Alles war in ununterbrochener Bewegung, selbst die Mauern und die Straßen schienen zu leben, atmeten, wölbten sich. Es war, als könnte man das Ächzen der Pflastersteine und das Knirschen der Ziegel hören. Überhaupt der Lärm: Ein unaufhörliches Brausen lag in der Luft, ein unfassbares Durcheinander von Tönen, Klängen und Rhythmen, die sich ablösten, ineinanderflossen, sich gegenseitig übertönten, überschrien, überbrüllten. Dazu das Licht. Überall ein Flimmern, Glänzen, Blitzen und Leuchten: Fenster, Spiegel, Reklameschilder, Fahnenstangen, Gürtelschnallen, Brillengläser. […] Ja, dachte Franz benommen, das hier ist etwas anderes. Etwas völlig und ganz anderes. Und in diesem Moment nahm er den Gestank wahr. Unter dem Stra-

> ßenpflaster schien es zu gären, und darüber waberten die verschiedensten Ausdünstungen. Es roch nach Abwasser, nach Urin, nach billigem Parfüm, altem Fett, verbranntem Gummi, Diesel, Pferdescheiße, Zigarettenqualm, Straßenteer« (S. 20).

Großstadtschilderung

Franz' Wahrnehmung der Metropole Wien in *Der Trafikant* legt Vergleiche mit anderen Darstellungen der Großstadt nahe, wie sie sich u. a. in Romanen der literarischen Moderne finden. Als ein Beispiel kann Alfred Döblins 1929 erschienener Roman *Berlin Alexanderplatz* herangezogen werden. Nach einem Prolog beginnt der Roman mit der Schilderung Berlins aus der Sicht Franz Biberkopfs, der gerade aus dem Gefängnis entlassen wurde und nun versucht, im Berlin des frühen 20. Jahrhunderts in eine neue Existenz hineinzufinden:

Berlin Alexanderplatz

> »Er schüttelte sich, schluckte. Er trat sich auf den Fuß. Dann nahm er einen Anlauf und saß in der Elektrischen. Mitten unter den Leuten. Los. Das war zuerst, als wenn man beim Zahnarzt sitzt, der eine Wurzel mit der Zange gepackt hat und zieht, der Schmerz wächst, der Kopf will platzen. Er drehte den Kopf zurück nach der roten Mauer, aber die Elektrische sauste mit ihm auf den Schienen weg, dann stand nur noch sein Kopf in der Richtung des Gefängnisses. Der Wagen machte eine Biegung, Bäume, Häuser traten dazwischen. Lebhafte Straßen tauchten auf, die Seestraße, Leute stiegen ein

und aus. In ihm schrie es entsetzt: Achtung, Achtung, es geht los. Seine Nasenspitze vereiste, über seine Backe schwirrte es. *Zwölf Uhr Mittagszeitung, B. Z., Die neuste Illustrirte, Die Funkstunde neu,* ›Noch jemand zugestiegen?‹ Die Schupos haben jetzt blaue Uniformen. Er stieg unbeachtet wieder aus dem Wagen, war unter Menschen. Was war denn? Nichts. Haltung, ausgehungertes Schwein, reiß dich zusammen, kriegst meine Faust zu riechen. Gewimmel, welch Gewimmel.«[14]

Bildungsraum Trafik

Einen wichtigen Raum in der »Topografie der Adoleszenz« stellt Trsnjeks Trafik dar, wo Franz auf die seine Entwicklung prägenden Figuren Trsnjek und Freud trifft. Anfänglich nimmt Franz die Trafik jedoch als Ort wahr, der ihm ebenso fremd ist wie die gesamte Metropole Wien. Die unzähligen Zeitungen und Tabaksorten sowie die bunt gemischte Kundschaft sind für ihn ein unbekannter Kosmos, der ihn gleichermaßen befremdet wie fasziniert. Die Einführung in die »Geheimnisse des Trafikantenlebens« (S. 24) wird für den Lehrling deshalb zum Auftakt eines Bildungsprozesses. Trsnjek vermittelt Franz dabei nicht nur Kenntnisse über den Zeitschriften- und Tabakhandel, sondern erläutert auch die gesellschaftlichen Zustände und politischen Entwicklungen der Zeit. Zunächst soll Franz jedoch die »richtige« Lektüre von Zeitungen und Zeitschriften erlernen:

14 Alfred Döblin, *Berlin Alexanderplatz*, in: *Gesammelte Werke*, Bd. 10, Frankfurt a. M. 2013, S. 13 f.

»Richtige« Lektüre

> »Die Zeitungslektüre nämlich sei überhaupt das einzig Wichtige, das einzig Bedeutsame und Relevante am Trafikantendasein; keine Zeitungen zu lesen hieße ja auch, kein Trafikant zu sein, wenn nicht gar: kein Mensch zu sein. Aber natürlich könne man unter einer richtigen Zeitungslektüre nicht einfach nur das flüchtige Durchblättern eines oder vielleicht zweier armseliger Tagesblättchen verstehen. Eine richtige, weil eben Hirn und Horizont gleichermaßen erweiternde Zeitungslektüre beinhalte *alle* sich auf dem Markt (also auch in der Trafik) befindlichen Zeitungen, wenn schon nicht von vorne bis hinten, so doch zumindest zu einem größeren Teil, was da heiße: Aufmacher, Leitartikel, die wichtigsten Kolumnen, die wichtigsten Kommentare sowie die wichtigsten Meldungen aus Politik (Innen und Außen), Lokales, Wirtschaft, Wissenschaft, Sport, Kultur, Gesellschaft und so weiter.« (S. 24 f.)

Nach anfänglichen Schwierigkeiten findet Franz Zugang zur »richtigen« Lektüre. Das Lesen der Zeitungen behält für ihn dabei nicht rein informatorischen Charakter. Er erkennt auch, wie begrenzt seine Sicht auf die Welt war, als er noch im Salzkammergut lebte:

> »Und obwohl ihn die unterschiedlichen, manchmal sogar völlig gegensätzlichen Standpunkte und Sichtweisen gehörig durcheinanderbrachten, bereitete ihm die Lektüre doch auch irgendwie ein ge-

> wisses Vergnügen. Es war eine Ahnung, die da zwischen den vielen Druckbuchstaben herausraschelte, eine kleine Ahnung von den Möglichkeiten der Welt.« (S. 28 f.)

Später wird Franz eine kritische Sicht auf die »Wahrheit« der Medien entwickeln. Nachdem in Wien die Nationalsozialisten zunehmend an Macht gewinnen, findet die sogenannte ›Gleichschaltung‹ der Informationsmedien statt. Die Berichterstattung unterwirft sich in weiten Teilen der nationalsozialistischen Ideologie und präsentiert der Bevölkerung einen entsprechend überformten Blick auf politische, gesellschaftliche und kulturelle Ereignisse. Im Roman reflektiert Franz wiederholt die Rolle der Medien in der sich verändernden politischen Situation. Als der »Rote Egon« vor dem Greiftrupp der Nazis von einem Häuserdach in den Tod springt und die Presse am nächsten Tag ein verzerrtes Bild der Ereignisse zeichnet, kommt Franz zu einem pessimistischen Fazit:

Bedeutung der Medien

> »Eigentlich ist es ja schon merkwürdig, dachte er weiter, wie die Zeitungen ihre ganzen Wahrheiten in großen, dicken Lettern herausposaunen, nur um sie dann gleich in der nächsten Ausgabe wieder kleinzuschreiben, respektive über den Haufen zu werfen. Die Wahrheit der Morgenausgabe ist praktisch die Lüge der Abendausgabe, dachte er, was allerdings wiederum für die Erinnerung keine allzu große Rolle spielt. Erinnert wird nämlich meistens

> sowieso nicht die Wahrheit, sondern nur das, was laut genug herausgebrüllt oder eben fett genug abgedruckt wird.« (S. 149)

Der vaterlos aufgewachsene Franz findet in Trsnjek und Freud zwei wichtige neue Bezugspersonen. Dennoch bleibt Franz' Beziehung zu seiner Mutter über den gesamten Roman hinweg von Bedeutung. Beschränkte sich der Austausch mit der Mutter anfänglich auf recht belanglose Bildpostkarten, deren Motive vor allem ein geschöntes Bild der Wirklichkeit vermitteln sollten, gewinnt die Kommunikation an Ernsthaftigkeit und Tiefe, als Mutter und Sohn beginnen, sich Briefe zu schreiben. Man hat sich nun mehr und Anderes zu sagen als zuvor. In diesem schriftlichen Kontakt, der im Roman eine zusätzliche Kommunikationsebene etabliert, werden die Stationen von Franz' Erwachsenwerden dokumentiert und von den Kommunikationspartnern kommentiert. Die Briefe stellen somit Medien der Selbst- und Fremdreflexion dar, in denen auch die Veränderung der Beziehung von Mutter und Sohn zum Ausdruck kommt.

■ Beziehung zur Mutter

■ Kommunikationsebene

Am Beispiel des ersten Briefes (S. 161–164), den Franz nach Trsnjeks Verhaftung ins Salzkammergut sendet, lässt sich aufzeigen, wie die Erlebnisse der letzten Monate den Trafikantenlehrling verändert haben. Indem Franz zur Beruhigung der Mutter Trsnjeks Verhaftung verschweigt, ist bereits eine Veränderung im Verhältnis zwischen den Kommunikationspart-

■ Von der Postkarte zum Brief

nern zu erkennen. War es zuvor die Aufgabe der Mutter, den Sohn vor der Welt zu beschützen, so ist es nun Franz, der die Konsequenzen der gesellschaftlichen Realität von der Mutter fernhält.

Der einst naive Franz präsentiert sich im Brief sowohl als aufmerksamer Beobachter seiner Umwelt als auch mit gesteigertem Bewusstsein für die eigene emotionale Situation. Er registriert die gesellschaftlichen Veränderungen, die er auf die politische Dynamik in Wien zurückführt und berichtet vom Kontakt zu Professor Freud. Die zunehmende Drangsalierung und Verfolgung der jüdischen Bevölkerung, von der Freud ebenfalls betroffen ist, kommentiert Franz mit Unverständnis: »Ich weiß sowieso gar nicht, warum die Leute alle derart draufhauen auf die Juden« (S. 163).

Brief an die Mutter

Dass er das Verhältnis zum Professor als enge Freundschaft darstellt, soll einerseits sicherlich Eindruck auf die Mutter machen: »Der Professor und ich sind inzwischen Freunde. (Und das kannst Du mir ruhig glauben!)« (S. ebd.). Andererseits scheint hier aber auch wieder Franz' Naivität auf, der die soziale Bindung zu dem berühmten Professor an dieser Stelle aus einer recht unbedarften Sicht beurteilt.

Der Mutter weist Franz im Brief eine neue Rolle zu. »Ehrlich gesagt, fühlt es sich ziemlich komisch an, die eigene Mutter solche Sachen zu fragen. Irgendwie genierlich. Aber auf die Entfernung geht es.« Sie wird für ihn zur Gesprächspartnerin auf Augenhöhe, die er um Hilfe bei der Lösung seiner emotionalen Verwirrung bittet. Die aus seiner Sicht gescheiterte Bezie-

Zuweisung neuer Rolle

hung zu Anezka führt Franz zu existenziellen Fragen: »Weißt Du, ob ich zur Liebe tauge?« (S. 162).

Übergangsphase

Der Brief an die Mutter dokumentiert eine Phase des Übergangs. Franz verdeutlicht, dass er sich unter dem Einfluss der Großstadt – seiner Arbeit in der Trafik, die Kontakte zu Trsnjek und Freud sowie die Erfahrungen mit Anezka – entwickelt hat. Ein ganz Anderer ist er dennoch nicht geworden. Zwar beginnt Franz Schritt für Schritt die ihm fremde Umwelt und sich selbst besser zu begreifen. Noch rufen seine Erfahrungen aber Unsicherheit und Irritation hervor. Dass er sich selbst in einer Phase der Entwicklung befindet, hat Franz aber bereits erkannt: »Bis vor Kurzem war ich ja noch ein Kind. Und jetzt bin ich noch kein Mann. Darin liegt die ganze Misere« (S. 162).

Antwortbrief der Mutter

In ihrem Antwortbrief (S. 168–172), der auch einen Eindruck von den Veränderungen im Salzkammergut vermittelt, nimmt die Mutter die ihr von Franz zugewiesene Kommunikationsrolle an. Zwar agiert sie nach wie vor mütterlich, wenn sie die Sorge um ihren Sohn zum Ausdruck bringt (»Mein lieber Franzl, isst Du denn auch genug?«, S. 171). Darüber hinaus zeigt der Antwortbrief aber deutlich, dass sie sich an einen gereiften Kommunikationspartner wendet. An der abschließenden Grußformel des Briefs erkennt Franz, dass auch seine Mutter die Veränderungen des Sohnes registriert hat: »*Deine Mutter* hatte sie geschrieben, und nicht *Deine Mama* […]. Kinder haben Mamas, Männer haben Mütter« (S. 172).

Die sich im Briefwechsel mit der Mutter bereits andeutende Reflexionsfähigkeit, die es Franz erlaubt, seine emotionalen Konflikte, aber auch die Veränderungen seiner Umgebung zu verstehen, trägt im Laufe der Romanhandlung entscheidend zu seiner Weiterentwicklung bei. Er löst sich von der Mutter und entwickelt sich zum selbständigen Individuum.

Reflexionsfähigkeit

Dieses vielleicht wichtigste Ergebnis der auf ein Jahr begrenzten Adoleszenz des jungen Franz wird in einer weiteren Schlüsselstelle des Romans anschaulich vermittelt. Nachdem Franz von Trsnjeks Tod in der Haft erfahren und die Mutter in einem weiteren Brief über das Ableben des Trafikanten informiert hat, zieht er sich auf den Kahlenberg »in der Nähe der Stefaniewarte« (S. 197) zurück. In dieser Passage des Romans fließen Franz' Vergangenheit, Gegenwart und Zukunft zusammen. Der Rückzug aus der Großstadt in die Natur und der Blick auf die Stadt Wien aus einer gewissen Distanz bilden den Anlass, um über die bedrohlichen politischen Entwicklungen und die spürbare Veränderung des Alltags zu reflektieren. Die aufflammende Sehnsucht nach Anezka und die Sorge, dass ihr ein ähnliches Schicksal wie Tresnjek drohen könnte, lassen Franz den Entschluss fassen, seine Geliebte zu heiraten und mit ihr Wien zu verlassen. Bezüglich Anezka wird Franz jedoch auch dieses Mal eine herbe Enttäuschung erleben. Als er sie im Lokal »Zur Grotte« aufsucht, stellt sich heraus, dass sie eine Beziehung mit einem SS-Offizier eingegangen ist.

Auf dem Kahlenberg

Die Episode auf dem Kahlenberg ist in mehrfacher Hinsicht von Bedeutung. Sie vermittelt einen Ein-

Bedeutung der Episode

blick in Franz' Gedankenwelt, nachdem er vom Tod Trsnjeks erfahren hat, der als neuerlicher Verlust einer Vaterfigur gedeutet werden kann. Ein symbolischer Bezug zu Franz' leiblichem Vater zu Beginn der Kahlenberg-Passage erhärtet diese Deutung: Nach Trsnjeks Verhaftung träumt Franz von seinem Vater, der kurz vor seiner Geburt von einer morschen Stieleiche erschlagen wurde (S. 172). Auf dem Kahlenberg sitzt Franz »auf einem vom Blitz getroffenen, schwarzen Baumstamm« (S. 197). Über das Motiv des beschädigten Baums werden Franz' männliche Bezugspersonen miteinander verknüpft. Bezieht man den Blitzschlag in den Motivkomplex mit ein, lässt sich das Bezugsfeld auch noch auf den beim Baden umgekommenen Alois Preininger erweitern.

Die Kahlenberg-Passage vermittelt außerdem Informationen über die politischen und gesellschaftlichen Entwicklungen in Wien nach der Machtergreifung der Nationalsozialisten. Schließlich erfüllt die Passage auch eine wichtige dramaturgische Funktion, da Franz seine Sehnsucht nach Anezka wieder intensiv spürt und er den Entschluss fasst, sie aufzusuchen.

Kurz nach der enttäuschenden Begegnung zwischen Franz und Anezka verlässt Freud mit seiner Familie Wien. Aus der Entfernung beobachtet Franz am Wiener Bahnhof dessen Abreise. Der im ersten Brief an die Mutter angesprochene Übergangsprozess vom Kind zum Mann kommt nach diesem Abschied aus Franz' Sicht nun zum Abschluss. Hatte schon die Kahlenberg-Passage vermitteln können, dass Franz

Ende eines Übergangs?

seine kindliche Naivität weitgehend verloren hat, so formuliert er selbst nach Freuds Abreise die folgende Diagnose:

> »Vor dem Bahnhofseingang stand die Gaslaterne, an der Franz sich damals gleich nach seiner Ankunft in Wien festklammern musste. Wie lange war das her? Ein Jahr? Ein halbes Leben? Ein ganzes? Er musste über sich selbst lachen, über diesen komischen Buben, der hier seinerzeit an der Laterne gehangen hatte, mit dem harzigen Waldgeruch in den Haaren, einem Batzen Dreck an den Schuhen und ein paar verdrehten Hoffnungen hinter der Stirn. Und plötzlich wurde ihm bewusst, dass es diesen Buben nicht mehr gab.« (S. 236)

Erzählte Liebe und Sexualität

Ein weiterer wesentlicher Aspekt des Erwachsenwerdens ist das Sammeln erster sexueller Erfahrungen. Diese Erfahrungsdimension ist im Roman im Wesentlichen mit der Figur Anezka verbunden, kommt aber auch an anderen Stellen des Romans zur Sprache. So lassen sich die sexuellen Beziehungen der Mutter, aber auch die »Zärtlichen Magazine«, die in Trsnjeks Trafik verkauft werden, dem Themenfeld Sexualität zuordnen. Auffällig ist in diesem Zusammenhang, dass die genannten Thematisierungen von Sexualität im Roman allesamt mit negativen Konsequenzen verknüpft sind: die »Zärtlichen Magazine« etwa führen

■ Negativ besetzte Sexualität

Abb. 6: Riesenrad im Prater in Wien vor dem Zweiten Weltkrieg. – © Wiener Linien

zu Trsnjeks Verhaftung, der Sexualpartner von Frau Huchel kommt ums Leben. Die allgemeine negative Besetzung des Themenfelds »Sexualität« im Roman spiegelt sich in der intimen Beziehung zwischen Franz und Anezka in gewisser Weise wider.

Franz trifft Anezka auf dem Wiener Prater, den er einem Rat Professor Freuds folgend aufsucht, um ein Mädchen kennenzulernen. Das Kennenlernen der Figuren Franz und Anezka wird literarisch so vermittelt, dass der Verlauf der weiteren Beziehung im Wesentlichen bereits vorweggenommen wird: Die Beziehung zu Anezka, die von Franz' sexuellem Begehren, aber auch ernsthafter Zuneigung geprägt ist, wird unerfüllt bleiben. Das böhmische Mädchen entzieht sich Franz immer wieder, bis sie sich schließlich in die Arme eines SS-Offiziers flüchtet, um in der neuen politischen Situation ihren Vorteil zu finden.

Die Schaukel

Franz sieht Anezka das erste Mal auf einer Schaukel. Zunächst erscheint ihm das Mädchen wie eine engelsgleiche Offenbarung:

> »[D]irekt vor ihm, in vielleicht zehn Metern Entfernung, stieg ein Gesicht in den Himmel auf, ein rundes Mädchengesicht, hell und lachend und umrahmt von einem Strahlenkranz strohblonder Haare. Es war das schönste Gesicht, das Franz […] je in seinem Leben gesehen hatte.« (S. 50 f.)

Die in Franz' Wahrnehmung zum Ausdruck kommende Idealisierung bzw. Überhöhung des Mädchens wird seine Position in der Beziehung zu Anezka maßgeblich bestimmen. Erst nach mehreren schweren Enttäuschungen wird Franz kritisch hinterfragen, was er tatsächlich für die selbstbewusste Böhmin empfindet. Freud führt Franz' Faszination für das Mädchen auf dessen Libido zurück, den sich vor allem in der Adoleszenz entfaltenden Sexualtrieb. Dieser thematische Aspekt, der für die Adoleszenzliteratur typisch ist, nimmt auch in *Der Trafikant* breiten Raum ein.

Franz' Libido

Die sich zwischen dem unsicheren Franz und der erfahrenen Anezka entwickelnde Sexualität ist charakteristisch für das Verhältnis der Figuren zueinander. Franz ist Anzeka nicht gewachsen, die in sexueller Hinsicht gezielt die Initiative übernimmt. Franz erlebt die Sexualität mit Anezka als überwältigende Erfahrung, die aber dadurch getrübt wird, dass die Geliebte nach vollzogenem Akt stets wortlos verschwindet.

Sexueller Subtext

Nachdem Franz Anezka auf dem Wiener Prater angesprochen hat, möchte diese mit ihm zu einer Schießbude. In dieser charakterisierenden Passage werden Franz' erwachendes sexuelles Verlangen, seine Unsicherheit und Scham anschaulich dargestellt. Die auffällige erotische Symbolik unterlegt diese Szene mit einem Subtext, der Franz körperliche Erregung und die Angst vor dem sexuellen Versagen vermittelt:

> »Franz versuchte die Trockenheit in seinem Mund wegzuschlucken. Erst jetzt hatte er die Zungenspitze zwischen ihren Schneidezähnen bemerkt: ein rosiges Tierchen, das vorsichtig ins Freie hinausfühlte, kurz und feucht die Oberlippe antippte und in seine Höhle zurückschnellte, nur um sofort wieder aufzutauchen […]. Niemals hätte er es für möglich gehalten, dass ihn eine böhmische Zahnlücke einmal so aufrühren würde. Die Säfte wallten mit solcher Gewalt in seinem Körper herum, dass er für einen Augenblick fürchtete, seine innere Aufrichtung zu verlieren und wie ein ausgeleerter Sack zu ihren Füßen niederzusinken. […] Mit einem sanften Stups ihrer Hüfte forderte sie ihn auf, sein Gewehr anzulegen. Er gehorchte, aber seine Hände

zitterten, und obendrein machte ihm eine schmerzhafte Erektion zu schaffen, die er zu verbergen suchte, indem er seine Lenden so eng wie möglich gegen die Schießbudenbretter presste. ›Plopp‹ machte es auch bei ihm, doch der Schuss ging daneben. Das Mädchen lachte, der Schießbudenmann lachte, und sogar die Türkenköpfe schienen ihre goldenen Zähne seinetwegen zu blecken. [...] Der Schweiß lief ihm in einem dünnen Rinnsal den Rücken hinunter und sammelte sich am Unterhosenbund.« (S. 54 f.)

7. Autor und Zeit

Robert Seethaler wurde am 7. August 1966 in Wien als Sohn einer Arbeiterfamilie geboren. Aufgrund einer schweren Sehbeeinträchtigung musste Seethaler eine Grundschule für Sehbehinderte besuchen und zeitweise eine Brille mit 17 Dioptrien tragen.

Schlecht sehen und Schriftstellerei

In einem Interview erläutert Seethaler den Zusammenhang zwischen seiner ihn prägenden Seheinschränkung und der Schriftstellerei.

> »Ich weiß ja nicht, wie es ohne das Schlechtsehen gelaufen wäre. Ich weiß ja nicht, ob ich geschrieben hätte und wie ich geschrieben hätte, wenn ich wie ein Adler durch die Welt blicken würde. Ich weiß nur, dass ich glaube, dass es mein ganzes Leben sehr beeinflusst hat – also dieses schlechte Sehen kann etwas zutiefst Erschreckendes sein […]. Ich schaffe mir mit dieser kurzen Sicht auf die Dinge oder in die Welt hinein so einen eigenen Schutzraum […], in dem ich mich dann ganz gut und ganz gern aufhalten kann. Und was dahinter, hinter meiner eigenen Welt ist, sehe ich im wahrsten Sinne des Wortes nicht gut. Und deswegen kann ich leider und manchmal Gott sei Dank eine große Fantasie ausbilden.«[15]

15 Robert Seethaler in der Ö1-Reihe »Gedanken«, in: *ORF Radio-Kultursender Ö1*, 7. 5. 2017. (Online nachzuhören unter: www.robert-seethaler.de/#c42)

Konkrete Gestalt gewinnen Seethalers Erfahrungen mit seiner Sehbeeinträchtigung beispielsweise im Romandebüt *Die Biene und der Kurt* aus dem Jahr 2006, in dessen Mittelpunkt die aus einem Mädchenheim fliehende Biene steht, die »Brillengläser wie Bierkrugböden« tragen muss.[16] In einem weiteren Interview erläutert Seethaler am Beispiel des Romans die Verbindung von Autorenbiografie und literarischem Text:

Biografie und literarischer Text

> »In verschlüsselter Form erzähle ich dort [im Roman *Die Biene und der Kurt*] viel über mein Leben: Die Biene, ein 16-jähriges Mädchen, bricht aus einem Mädchenwohnheim aus, sie ist undefiniert, hat kaum Stimme, eine ganz dicke Brille, so wie ich früher. Ich hatte als Kind einen Wert von 17 Dioptrien auf beiden Augen, war auf einer Sehbehinderten-Grundschule. Diese Gemeinsamkeit brachte mir die Figur nah. Erschütternd war für mich auch, dass Teile dieser Figur für mich im vorsprachlichen Bereich liegen: Sie hatte kaum Sprache, fast nichts zur Verfügung – nur einen großen Überlebenswillen.«[17]

Schauspielerei

Mit fünfzehn Jahren verließ Robert Seethaler die Schule. Später wandte er sich zuerst der Schauspiele-

16 Siehe hierzu den Klappentext zu *Die Biene und der Kurt*. (https://keinundaber.ch/de/literary-work/die-biene-und-der-kurt/)
17 Robert Seethaler im Gespräch mit Anne Otto (s. Anm. 9).

rei zu. Hierfür besuchte er die Schauspielschule des Wiener Volkstheaters. Nach Abschluss der Ausbildung führte ihn sein Beruf an verschiedene deutsche Theaterbühnen. Neben der Theaterschauspielerei trat Seethaler auch in verschiedenen Fernsehserien und -filmen auf. Zu seinen bekanntesten Rollen gehört die des Rechtsmediziners Dr. Armin Kneissler in der ZDF-Krimiserie *Ein starkes Team*, die Seethaler 2016 verließ.

Im Jahr 2015 spielte Seethaler an der Seite von Michael Caine, Harvey Keitel und Rachel Weisz in Paolo Sorrentinos Kinofilm *Ewige Jugend* die Rolle des Luca Moroder.

Journalist und Drehbuchautor

Seit 2003 lebt Robert Seethaler in Berlin und Wien. Neben der Schauspielerei verfasst er mit einigem Erfolg auch Drehbücher und journalistische Texte. Seine Drehbücher *Heartbreakin'* (2005) und *Die zweite Frau* (2008) wurden ausgezeichnet.

Abitur und Psychologiestudium

2005 entscheidet sich Robert Seethaler dafür, das Abitur nachzuholen und ein Studium der Psychologie an der Universität Potsdam zu beginnen. Diese biografische Zäsur erläutert Seethaler folgendermaßen:

> »Das Studium war ein Traum, den ich mir erfüllt habe. Ich komme aus einer Arbeiterfamilie, bin mit 15 Jahren von der Schule gegangen, hatte zwar viele Freunde, die Abitur gemacht und studiert haben, aber ich stand immer etwas außerhalb. Das hab ich vor zehn Jahren noch mal ändern wollen, hab das

Abb. 7: Robert Seethaler – © picture alliance / ZB / Arno Brugi

> Abitur mühsam nachgemacht, Psychologie studiert. Komischerweise hab ich es aus dem Ärmel geschüttelt – lauter Einsen in Statistik. [lacht.] Dann habe ich das Studium abgebrochen, weil die Schreiberei zu groß wurde. Für mich war es aber gut. Ich habe verstanden, dass ich in dem Bereich nicht arbeiten will.«[18]

Debütroman und literarisches Werk

Seethaler bricht das Psychologiestudium zu Gunsten des Romanschreibens ab. Vermutlich hat sich im Rahmen des akademischen Ausflugs aber das Interesse an

18 Robert Seethaler im Gespräch mit Anne Otto (s. Anm. 9).

Sigmund Freud und der Psychoanalyse vertieft, das dann später den Ausgangspunkt für den Roman *Der Trafikant* bilden sollte.

■ *Die Biene und der Kurt* (2006)

Seethalers Debütroman *Die Biene und der Kurt* erscheint 2006 und führt bereits literarische Elemente ein, die in modifizierter Form auch in *Der Trafikant* vorkommen. Erzählt wird die rührende, zuweilen aber auch hochkomische Geschichte der Außenseiterin Biene, einem sechzehnjährigen Mädchen, das in einem katholischen Mädchenheim wohnt, mit ihrer Figur zu kämpfen hat und zudem massive Brillengläser tragen muss. Bienes Abenteuer beginnt, als sie aus dem Mädchenheim flieht und an einem verlassenen Bahnhof auf den heruntergekommenen Schlagersänger Kurt trifft. Aus dieser schicksalhaften Begegnung zweier skurriler Außenseiterfiguren entspinnt sich ein Roadtrip durch die Provinz. Kurt und Biene treten als Musikduo auf und bemerken, dass sie mehr gemeinsam haben als zunächst gedacht. 2007 erhält Seethaler für seinen ersten Roman den »Debütpreis des Buddenbrookhauses Lübeck«.

■ *Die weiteren Aussichten* (2008)

Außenseiterfiguren stehen auch in Seethalers zweitem Roman im Mittelpunkt und wiederum führt die Handlung in die Provinz. Dort betreibt Herbert Szevko eine alte Tankstelle. Wie auch in *Der Trafikant* stellt Seethaler seiner Hauptfigur die Mutter an die Seite, die in diesem zweiten Roman des Autors jedoch als überaus willensstarke und resolute Frau auftritt. Als Herbert Hilde kennenlernt, die als Putzfrau im Hallenbad des Ortes arbeitet, gerät sein festgefügtes Leben durcheinander und für ihn beginnt eine Achterbahnfahrt der Emotionen, an deren Ende sich einiges verändert haben wird.

Jetzt wirds ernst (2010)

Die Anlage des dritten Romans von Robert Seethaler weist schon recht deutlich auf *Der Trafikant* voraus, zeigt aber auch einige Nähe zur Biografie des Autors. Aus der Sicht eines namenlosen siebzehnjährigen Jungen wird vom Aufwachsen in der Provinz, unglücklicher Liebe, Orientierungslosigkeit, der Befreiung aus dem Korsett des elterlichen Friseursalons und dem steinigen Weg zur Schauspielerei erzählt.

Ein ganzes Leben (2014)

Robert Seethalers jüngster Roman zählt mit *Der Trafikant* zu seinen bislang größten Erfolgen. In der Grundanlage bleibt sich der Autor auch dieses Mal treu, wenn er die Geschichte des Außenseiters Andreas Egger erzählt, der nach einem zurückgezogenen, entbehrungsreichen und naturverbundenen Leben auf seine Existenz zurückblickt. Deutlich verändert hat sich jedoch der Ton des Romans, der zu den reduziertesten und ›leisesten‹ Texten des Autors gehört. 1902 kommt Egger als ungefähr vierjähriger Waise in ein Bergdorf, wo er seine Kindheit als Hilfskraft eines lieblosen Bauern verlebt. Als junger Mann arbeitet Egger bei einer Firma, die mit dem Bau von Seilbahnen die umliegenden Berge für den Tourismus erschließen will. Er heiratet die Magd Marie, die später jedoch bei einem dramatischen Bergunglück ums Leben kommt. Als das Tal, in dem Egger lebt, von Touristen entdeckt wird, verdient er sein Geld als Wanderführer und stirbt mit 79 Jahren.

Ein ganzes Leben wurde 2015 mit dem »Grimmelshausen-Preis« prämiert. 2016 wurde der Roman für den renommierten »Man Booker International Prize« nominiert und mit dem »Buchpreis der Wiener Wirtschaft« ausgezeichnet. 2017 wurde die englische Übersetzung des Romans auf die Shortlist des »International Dublin Literary Award« gesetzt.

Im Juni 2018 erscheint Seethalers Roman *Das Feld* bei Hanser Berlin, den der Verlag folgendermaßen ankündigt: »In Robert Seethalers neuem Roman geht es um das, was sich nicht fassen lässt. Es ist ein Buch der Menschenleben, jedes ganz anders, jedes mit anderen verbunden. Sie fügen sich zum Roman einer kleinen Stadt und zu einem Bild menschlicher Koexistenz.«

Poetik des Außenseiters

Den Romanen Robert Seethalers ist gemeinsam, dass sie Geschichten über Außenseiter erzählen, die sich aus zumeist provinziellen Verhältnisse emanzipieren müssen. In keinem der Romane verläuft diese Emanzipation geradlinig. Sie führt durch alle Höhen und Tiefen des menschlichen Daseins. Kennzeichnend für Seethalers Schreibweise ist eine hohe Sensibilität für die Atmosphäre literarischer Räume, die besonders in den Romanen *Der Trafikant* und *Ein ganzes Leben* zum Ausdruck kommt. Die meisten seiner Romane sind außerdem durch ein feines Gespür für skurrile Figuren und Handlungszusammenhänge sowie Humor geprägt. Neben Romanen, die in der Gegenwart angesiedelt sind, stehen Texte mit zeitgeschichtlich situierter Handlung.

8. Rezeption

Robert Seethalers Roman *Der Trafikant* erschien 2012 im Schweizer Verlag *Kein & Aber*. Eine Hörbuchfassung, die der Autor selbst eingelesen hat, wurde 2014 veröffentlicht. Wie für Texte der Gegenwartsliteratur üblich, finden sich Rezeptionsnachweise vor allem im Bereich der literaturkritischen Journalistik. Zahlreiche Leserkommentare und Literaturprojekte im Internet belegen darüber hinaus, dass der auflagenstarke Roman tatsächlich ein breites Publikum findet. Der besondere Erfolg des Romans ist schließlich auch daran zu erkennen, dass der Text vergleichsweise rasch für die Theaterbühne und als Film-Drehbuch adaptiert wurde.

Literaturkritik

Kurz nach dem Erscheinen im Jahr 2012 wird der Roman in den deutschsprachigen Feuilletons größtenteils positiv besprochen. Andreas Platthaus würdigt in einer der ersten Rezensionen des Romans in der *FAZ* das Talent des Autors Seethaler zum »böse[n] Zauber«. Gemeint ist damit Seethalers Erzählweise, die den Lesern die Konflikte, aber auch die Entwicklung des erst so naiven, dann gereiften Franz aus dem Salzkammergut mit derart sprachlicher Leichtigkeit nahebringt, dass die Hoffnung auf einen positiven Ausgang der Geschichte schließlich umso eindringlicher scheitern muss:

Kunst des bösen Zaubers

> »Seethalers Protagonist ist ein reiner Tor und möchte es bleiben: ›Wer nichts weiß, hat keine Sorgen,

dachte Franz, aber wenn es schon schwer genug ist, sich das Wissen mühsam anzulernen, so ist es doch noch viel schwerer, wenn nicht sogar praktisch unmöglich, das einmal Gewusste zu vergessen.‹ An diesem Dilemma des erwachenden Erwachsenen leidet der herzensgute, schlichte Franz, und Seethalers Prosa bildet das mit einer schnörkellosen Sprache ab, obwohl sich der Erzähler in die Köpfe und Augenhöhlen aller seiner Protagonisten hineinbohrt. [...]

Franz ist ein Hoffnungsträger, und Seethalers Bosheit – er ist Wiener – besteht darin, auch uns als Leser auf den jungen Mann hoffen zu lassen. Lange blüht er fort. Dann verglüht er.

Der Roman beschönigt nichts; es gibt keine Rettung aus dem Wiener Totentanz des Jahres 1938. Doch eine wurschtelt sich durch: Anezka, die dralle Böhmin, eine Artistin, in die sich Franz im Prater verguckt hat und die ihn liebt, aber eben nicht nur ihn. Menschen mit festen Überzeugungen kommen um im *Trafikant*. [...]

Am Ende wird der Tor wissend geworden sein, und doch versperrt er, als ihn die Schergen abholen, die Tür zur Trafik: ›Weil wer weiß schon, was sein wird?‹ Wir wissen es, und Seethaler weiß das. Aus diesem wechselseitigen Wissen entsteht der böse Zauber dieses Romans.«[19]

19 Andreas Platthaus, »Freuds Freund«, in: *Frankfurter Allgemeine Zeitung*, 2. 11. 2011. (www.faz.net/aktuell/feuilleton/

Die Journalistin Christine Westermann lobt den Roman gar als eines »der besten Bücher des Jahres 2012« und hebt wiederum die besondere sprachliche Qualität des Textes hervor, den individuellen und kollektiven Katastrophen in der erzählten Welt etwas von ihrer Schwere zu nehmen:

> »Die Liebe und die Psychoanalyse, die Nazis und der Terror, die feigen Bürger und die wenigen Mutigen: Das alles beinahe leichthin und wie beiläufig zu beschreiben, ist die große Begabung des Autors Robert Seethaler. Wie er mit Sprache umgeht, wie er Worte findet, für das eigentlich Unsägliche. Sie sind so sanft wie der Schlag eines Schmetterlings. Und treffen mit sachter Wucht doch mitten ins Herz. Dabei ist nichts tieftraurig in diesem Roman, die Gespräche, die der junge Mann mit dem alten Professor über die Liebe und die Frauen führt, sind voll leisem Humor und stiller Ironie. […]«[20]

Viel Lob für Seethalers leichtes und doch gleichermaßen kunstvolles Erzählen, das den Leser »wider alle Vernunft auf eine gute Wendung der Geschichte« hoffen lässt, findet auch der Literaturkritiker Manfred

buecher/rezensionen/belletristik/robert-seethaler-der-trafikant-freuds-freund-11947460.html)

20 Christine Westermann, »Robert Seethaler – *Der Trafikant*«, in: *WDR 2 Buchtipp*, 9. 12. 2012. (Online einsehbar unter: http://christine-westermann.de/seite/aktuelles/2012/12/09/robert-seethaler-der-trafikant/)

Vergleich mit literarischem Klassiker

Kontinuitäten im Werk des Autors

Papst und vergleicht den Roman gar mit Jurek Beckers Romandebüt *Jakob der Lügner* (1969), das ebenfalls vom Leben unter faschistischer Herrschaft handelt.

Papst weist darüber hinaus auch auf Kontinuitäten im literarischen Werk Seethalers hin, die sich auch in *Der Trafikant* finden lassen:

> »Seethaler ist mit dem Roman *Der Trafikant*, seinem vierten, etwas Unheimliches gelungen. Er erzählt ungeschminkt und schnörkellos aus der Mitte eines gewaltigen Verhängnisses – aber er tut das mit einer Leichtigkeit, die uns seit Jurek Beckers fulminantem Romanerstling *Jakob der Lügner* nicht mehr begegnet ist. Dass er sich aufs unprätentiöse, kolloquiale Erzählen versteht, hat Seethaler freilich schon in seinen drei vorangegangenen Romanen unter Beweis gestellt. Und er hat schon wiederholt sympathische Außenseiter zu seinen Protagonisten gemacht.«[21]

Papst lobt Seethaler als Autor, der »viele gute Einfälle [hat], [...] sich von ihnen aber nicht aus der Kurve tragen [lässt]. Er kann boshaft sein, ätzend, anarchisch. Seine antibürgerlichen Reflexe sind intakt. Und doch verbirgt sich in ihm ein Romantiker«.[22]

21 Manfred Papst, »Sigmund Freud im Tabakladen«, in: *Neue Zürcher Zeitung am Sonntag*, 27. 1. 2013, S. 4 f. (http://nzz-files-prod.s3-website-eu-west-1.amazonaws.com/files/5/8/9/BamS_Januar_2013_1.17973589.pdf.)

22 Papst (s. Anm. 21), S. 5.

Anders als die zuvor zu Wort gekommenen Rezensenten spricht Papst jedoch auch kritische Aspekte des Romans an, indem er die literarische Darstellung Sigmund Freuds als wenig glaubhaft beurteilt:

Mangelnde Glaubwürdigkeit der Figur Sigmund Freuds

> »Natürlich ist es immer gefährlich, historische Personen in einem fiktionalen Kontext vorzuführen, und in der Tat gehören die Gespräche zwischen Franz Huchel und Sigmund Freud nicht zu den stärksten Passagen in Seethalers sonst bemerkenswert kohärentem Roman. Dass Freud in amourösen Dingen so hilflos ist wie der Bursche Franz, ist zwar lustig. In ihrer Saloppheit wirken die Dialoge indes ein wenig aufgesetzt. Dass Freud ausgerechnet gegenüber einem Kioskgehilfen eine launige, selbstironische Summe seiner Lehre ziehen soll, erscheint kaum glaubhaft – zumal Lockerheit in eigener Sache gerade nicht zu den verlässlich überlieferten Zügen seines Charakters zählt.«[23]

Um die Frage nach der mehr oder weniger geglückten Nähe zwischen literarischer Figur und realer Person dreht sich auch die literarturkritische Diskussion, die der Journalist Stefan Zweifel, die Autorin und Literaturkritikerin Elke Heidenreich, die Literaturwissenschaftlerin Hildegard E. Keller und der Philosoph Rüdiger Safranski über Seethalers Roman in der Sendung *Literaturclub* des Schweizer Fernsehens führten.

Der Roman im *Literaturclub*

23 Papst (s. Anm. 21), S. 4.

Heidenreich stellt den Roman als »kleine Kostbarkeit« vor. Sie greift in ihrem Statement die auch in anderen Besprechungen hervorgehobenen Qualitäten des Autors Seethaler auf, der die Geschichte um Franz Huchel »zart, leise, sanft, poetisch« erzähle: »[…] da stimmt die Geschichte und da stimmt der Ton«. Vor allem Stefan Zweifel und Hildegard E. Keller halten dagegen, dass die harmlose literarische Zeichnung Sigmund Freuds im Roman der realen Person nicht gerecht würde. Seethalers Darstellung der Beziehung zwischen Franz und Freud bleibe deshalb wenig glaubwürdig.[24]

Historische Wirklichkeit und Roman

So nahe die Kritik an der literarischen Figur des alten Wissenschaftlers liegen mag, wenn man Roman und historische Realität vergleicht, so wenig kommt in den Kritiken zur Sprache, was aus Seethalers literarischem Einfall geworden wäre, wenn er sich mit seiner Freud-Figur dichter an die Wirklichkeit heran begeben hätte. Wie man sich einen glaubwürdigeren Sigmund Freud im Roman vorstellen könnte bzw. was eine solche Figur Franz Huchel zu sagen hätte, wird weder im *Literaturclub* noch in anderen kritischen Einlassungen zu *Der Trafikant* ausgeführt.

Kehlmanns *Die Vermessung der Welt* als Vergleich

Die Kritik am historischen Erzählen in Seethalers Roman erinnert in manchen Aspekten an die Debatten um Daniel Kehlmanns historischen Roman *Die Vermessung der Welt* (2005). Kehlmann erzählt in sei-

24 »Wolfe, Flaubert, Stelly und Seethaler«, in: *Literaturclub SRF Kultur*, 29. 1. 2013. (www.srf.ch/sendungen/literaturclub/wolfe-flaubert-stelly-und-seethaler)

nem weltweit erfolgreichen Roman aus dem Leben des Mathematikers Carl Friedrich Gauß (1777–1855) und des Naturforschers Alexander von Humboldt (1769–1859). In der Gestaltung der Hauptfiguren orientiert sich Kehlmann zwar an Gauß' und Humboldts Biografien, nimmt sich dabei aber die Freiheit, in mancher Hinsicht von der historischen Wirklichkeit des 18. und 19. Jahrhunderts abzuweichen. Von Kritikern des Romans wurden ihm deshalb herbe Ungenauigkeiten bei der Zeichnung der literarischen Figuren und Orte vorgeworfen. An der Diskussion der Romane Seethalers und – vor allem – Kehlmanns lassen sich somit Aspekte einer zeitgenössischen Verhältnisbestimmung von Fiktionalität und Faktizität in der deutschsprachigen Gegenwartsliteratur nachvollziehen.

Aber nicht nur in Feuilletons und Literatursendungen hat Seethalers Roman viel positive Resonanz hervorgerufen. Auch unzählige Leserkommentare auf Literatur-Websites, Buchbesprechungen oder Literaturprojekte auf *Youtube* verdeutlichen die Popularität des Romans bei einer breiten Leserschaft. Interessante Rezeptionsprodukte stellen auch filmische Ergebnisse von Unterrichtsprojekten dar, die auf *Youtube* einzusehen sind und unterschiedliche Lesarten des Romans präsentieren.[25]

■ Leserkommentare und Literaturprojekte im Netz

25 Siehe hierzu z. B. die Kunst- und Unterrichtsprojekte: www.youtube.com/watch?v=5gCUyo2vZHM oder www.youtube.com/watch?v=J4ZXDmoEFgM

Theateradaption des Romans

Nach dem Erfolg des Romans werden mittlerweile an zahlreichen deutschsprachigen Theatern dramatische Adaptionen des Textes aufgeführt. In der Bearbeitung und Regie von Volkmar Kamm erlebte *Der Trafikant* am 30. Januar 2016 am Salzburger Landestheater seine Uraufführung, die in der Presse zustimmend besprochen wurde.[26]

Eine weitere Bühnenfassung des Romans wurde vom Autor Robert Seethaler selbst erarbeitet. In der Regie von Hans-Ulrich Becker fand die Uraufführung des Stücks im Oktober 2016 an der Landesbühne Esslingen statt. Eine Besprechung der Aufführung hebt die theatralische Wirksamkeit der Romanadaption hervor:

> »Der österreichische Autor Robert Seethaler hat in seinem gleichnamigen Erfolgsroman dem Trafikanten ein literarisches Denkmal gesetzt: lakonisch und humorvoll, ohne Pathos und doch von großer Wucht. Seethaler hat seinen Roman für die Esslinger Uraufführung jetzt in ein Drama überführt. Die Transkription ist ihm voll und ganz geglückt. […] Die Balance zwischen Leichtigkeit und Schwere, die Kunst, eine Biografie in Zeitgeschichte einzubetten und dabei sowohl dem Einzelnen als auch dem gro-

26 Gerhard Dorfi, »*Der Trafikant*: Verlorene Unschuld und politische Turbulenzen«, in: *derStandard.at*, 31. 1. 2016. (https://derstandard.at/2000030112295/Der-Trafikant-Verlorene-Unschuld-und-politische-Turbulenzen)

ßen Ganzen gerecht zu werden, das ist Seethaler auch in der dramatisierten Version gelungen.«[27]

Am 2. Dezember 2016 hatte die Bühnenfassung Seethalers in der Regie von Sebastian Schug Premiere am Volkstheater in Wien. Die auf der Wiener Theaterwebsite einzusehenden Szenenfotos und vor allem der Theatertrailer vermitteln einen Eindruck einer gelungenen dramatisierenden Lesart der Geschichte Franz Huchels.[28]

Szenenfotos und Theatertrailer

Im Oktober und November 2017 wurde an Schauplätzen in Wien, München, Südtirol und Oberösterreich nach einem Drehbuch von Klaus Richter und Nikolaus Leytner eine filmische Adaption des Romans *Der Trafikant* als deutsch-österreichische Gemeinschaftsproduktion abgedreht. Der Film in der Regie von Nikolaus Leytner soll voraussichtlich im Herbst 2018 in die Kinos kommen. Die Rolle des Franz Huchel spielt der junge Schauspieler Simon Morzé. In der Rolle des Sigmund Freud wird Bruno Ganz zu sehen sein. Ironischerweise ist der Interpret der Rolle des berühmten jüdischen Wissenschaftlers einem breiten Publikum vor allem als Adolf Hitler in Oliver Hirschbiegels und Bernd Eichingers Film *Der Untergang* (2004) bekannt.

Verfilmung

27 Dorothee Schöpfer, »Doppelter Glücksfall«, in: *Stuttgarter-Nachrichten.de*, 21. 10. 2016 (www.stuttgarter-nachrichten.de/inhalt.wlb-esslingen-doppelter-gluecksfall.9711b5a5-a4dd-4897-bd6e-f65f58ed8b90.html)
28 Siehe: www.volkstheater.at/stueck/der-trafikant-2/

Abb. 8: Fotos vom Set der Dreharbeiten zu *Der Trafikant*. – Glory Film / EPO Film

Der Trafikant als Schullektüre

Dass deutschsprachige Gegenwartsliteratur kurz nach ihrem Erscheinen zur Schullektüre wird, ist die Ausnahme. *Der Trafikant* hat hingegen vergleichsweise schnell Eingang in den schulischen Deutschunterricht gefunden und wurde sogar Pflichtlektüre für das Abitur. Anette Sosna beschreibt Seethalers Roman und seine didaktischen Potenziale folgendermaßen:

»[…] *Der Trafikant* [erweist sich] als eine vielschichtige Reflexion über das Thema des Heranwachsens unter den spezifischen Bedingungen eines totalitären gesellschaftlichen Systems. Schüler(inne)n eröffnet sich dadurch nicht nur die Möglichkeit, Adoleszenz – auch in ihrer eigenen individuellen Ausprägung – als biografische Phase zu verstehen und das Wachstumspotenzial dieser Krisenerfahrung zu erschließen, sondern auch die jeweilige zeitgeschichtliche Bedingtheit von Entwicklungsprozessen zu erkennen.«[29]

29 Sosna (s. Anm. 3), S. 68 f.

9. Wort- und Sacherläuterungen

[Titel] **Trafikant:** Inhaber eines Tabak- und Zeitschriftenkiosks.

7,14 **Holzschindel:** Holzbrettchen zum Decken eines Daches.

11,3 **Austro-Daimler:** Fahrzeug der Österreichischen *Daimler Motoren Gesellschaft.*

11,4 **Most:** durch Pressen gewonnener, je nach Region bereits vergorener Fruchtsaft.

12,15 **Doppelgebrannte:** Doppelgebrannter: durch besondere Herstellung stark alkoholhaltiger Schnaps.

12,19 **Bolschewismus:** Begriff für die politisch-ideologischen Lehren des Marxismus-Leninismus.

15,16 **Sommerfrischler:** Touristen, Sommergäste.

15,30 **Trafik:** (österr.) Kiosk, in dem Zeitungen, Tabak und Schreibwaren verkauft wurden.

18,21 **Sozis:** Anhänger der Sozialdemokratie bzw. Mitglieder entsprechender Parteien.

18,24 **Gsindel:** Gesindel: soziale Randgruppe.

20,19 **Gassenhauer:** traditionelles, vielgesungenes Lied.

21,14 **Pinzgauer:** regional typische Pferderasse.

22,1 **Lacke aus Pferdeseiche:** Pfütze aus Pferdeurin.

22,11 **Fleischhauerei:** (österr.) Fleischerei.

26,30 **Zwerg Dollfuß:** abfällig für Engelbert Dollfuß (1892–1934), österr. Politiker, Gründer des austrofaschistischen Staats und Bundeskanzler (1932–1934).

27,1 **Schuschnigg:** Kurt Schuschnigg (1897–1977), vom 29. Juli 1934 bis 11. März 1938 diktatorisch regierender Bundeskanzler in Österreich.

31,8 **Kommerzialrat:** (österr.) Ehrentitel für eine Persönlichkeit des Wirtschaftslebens.

38,29 f. **Ordination:** Arztpraxis, Sprechstunde.

44,17 **Trottoir:** Bürgersteig.

47,18 **Wiener Prater:** weitläufiges, größtenteils öffentliches Gebiet im 2. Wiener Gemeindebezirk, häufig jedoch nur auf den bekannten Vergnügungspark bezogen.

47,29 f. **Seidel:** (österr.) großes Bierglas.

48,13 **Schlagobers:** (österr.) Schlagsahne.

49,6 **Fleischlaibchen:** (österr.) Frikadelle.

61,25 **Hendl:** (österr.) Huhn.

73,25 f. **Ut desint vires, tamen est laudanda voluntas:** (lat.) »Auch wenn die Kräfte fehlen, ist doch der Wille zu loben« (Ovid, *Epistulae ex Ponto*, III,4,79).

80,6 **Fadesse:** (österr.) Langeweile.

82,17 **Dopplerflasche:** umgangssprachlich für eine Doppelliterflasche (2 Liter).

84,30 **Landpomeranze:** Bezeichnung für weibliche Person aus ländlichem Gebiet mit provinziellem Verhalten.

88,5 **Mezzanin:** (österr.) Zwischengeschoss eines mehrstöckigen Gebäudes.

102,9 **Schuschnigg-Bub:** abfällig für Kurt Schuschnigg, vom 29. Juli 1934 bis 11. März 1938 diktatorisch regierender Bundeskanzler in Österreich.

104,5 f. **arisch:** Begriff, der im Nationalsozialismus die Zugehörigkeit zur sogenannten »Herrenrasse« bezeichnete, nicht-jüdisch.

105,10 **Conférencier:** humoristischer Ansager in Varietés, Kabaretts, Revuen.

115,8 **ungustiös:** (österr.) unappetitlich, abstoßend.

117,16 **Physiologe:** Wissenschaftler, der sich mit den physikalischen und biochemischen Vorgängen in den Zellen, Geweben und Organen aller Lebewesen beschäftigt.

130,15 **Stiegenhaus:** (österr.) Treppenhaus.

136,24 **Libido:** in der Psychoanalyse mit den sexuellen Trieben verknüpft.

143,8 f **Souterrainwohnung:** Wohnraum im Untergeschoss eines Wohnhauses.

147,10 **deutschtümelig:** übersteigerte Betonung vermeintlich deutscher Nationaleigenschaften.

147,10 **Journaille:** abwertende Bezeichnung für Journalisten.

152,21 **Darmgekröse:** Eingeweideteile.

156,28 **Goschn:** Gosch(e): (österr.) abfällig für Mund, Maul.

159,1 **Stecken:** (österr.) Stab.

164,20 **Raunzerei:** (österr.) Jammerei.

165,9 **Volk Moses':** Bezeichnung für die jüdische Bevölkerung.

182,14 **Luster:** Kronleuchter.

184,11 **Hakenkreuzstandarten:** spezielle Form einer Hakenkreuz-Flagge.

186,3 **Remise:** Wirtschaftsgebäude, Schuppen.

186,8 **Karfiolköpfe:** (österr.) Blumenkohlköpfe.

186,9 **Erdäpfel:** Kartoffeln.

186,26 **Dachau:** Konzentrationslager der Nationalsozialisten in der Nähe von München.

187,29 f. **Gelsenschwärme:** Stechmücke.

189,26 **Gestapo:** Abkürzung für »Geheime Staatspolizei«.

192,11 **Stampiglien:** Gerät zum Stempeln.

194,4 **Faschiermaschine:** Fleischwolf.

197,28 **Eierschwammerln:** (österr.) Pfifferlinge.

198,2 **Jause:** Zwischenmahlzeit.

199,3 **Saldospalte:** bezeichnet in der Buchführung die Differenz zwischen Soll und Haben.

200,17 **Mussolini:** Benito Mussolini (1883–1945), ital. Faschistenführer. Der »Duce« stand von 1925 bis 1943 als Diktator an der Spitze des faschistischen Regimes in Italien.

200,17 **Goebbels:** Paul Joseph Goebbels (1897–1945), Reichsminister für Volksaufklärung und Propaganda und einer der einflussreichsten Politiker während der Zeit des Nationalsozialismus.

219,12 **Weberknecht:** Spinnentier mit langen, dünnen Beinen, auch ›Schneider‹ genannt.

221,1 **Marmorphallus:** Phallus: männliches Glied (meist als Symbol der Kraft und Fruchtbarkeit).

222,27 **Dulcinea:** inzwischen häufig ironisch gebrauchte Bezeichnung für Geliebte. Figur aus *Don Quijote* (1605/15) von Miguel de Cervantes.

230,26 **Reichsfluchtsteuer:** im April 1938 auch in Österreich eingeführte Steuer, die Emigranten zwang, einen Großteil ihres Vermögens dem Staat zu überlassen.

231,17 **Selchfleisch:** geräuchertes Fleisch.

231,17 f. **Krautfleckerln:** österreichisch-böhmisches Gericht aus Weißkohl, Nudeln und oftmals Speck.

10. Prüfungsaufgaben mit Lösungshinweisen

Aufgabe 1: Eine Figur charakterisieren

Charakterisieren Sie die Figur Franz Huchel zum Zeitpunkt kurz nach Otto Trsnjeks Verhaftung. Beziehen Sie sich dabei auf Franz' ersten Brief an seine Mutter (S. 161–164) und erläutern Sie dabei auch die kommunikative Strategie des Briefschreibers.

Lösungshinweise

- Franz wendet sich erstmals in ausführlicher Briefform an die Mutter. Zuvor war der schriftliche Kontakt auf Bildpostkarten beschränkt. Die Kommunikationsabsichten und -inhalte sind komplexer geworden und lassen sich im begrenzten Format der Postkarte nicht mehr vermitteln.
- Franz verdeutlicht, dass er sich seit seiner Ankunft in Wien weiterentwickelt hat. Zum Ausdruck kommt diese Entwicklung durch ein gesteigertes Problembewusstsein, das sowohl die eigene emotionale Situation und das Verhältnis zu Trsnjek und Freud als auch die gesellschaftlich-politischen Ereignisse in Wien einschließt. Gleichzeitig sind einige seiner Ausführungen noch durch eine kindlich-naive Sichtweise geprägt. Der Brief dokumentiert somit den Entwicklungsübergang vom naiven Jugendlichen zum jungen Erwachsenen, der zum Zeitpunkt des Briefschreibens noch nicht ganz

vollzogen ist. In diesem nicht abgeschlossenen Übergang erkennt auch Franz selbst seine Misere.

- In der kommunikativen Struktur des Briefs zeigt sich eine Veränderung im Verhältnis von Mutter und Sohn. Franz wendet sich an die Mutter einerseits als Sohn, spricht sie aber zugleich als gleichberechtigter Kommunikationspartner an. Die Mutter registriert diese Veränderung ihres Sohnes und bringt dies im Antwortbrief durch eine veränderte Grußformel zum Ausdruck.

Aufgabe 2: Eine Textstelle analysieren

Analysieren Sie die ersten Seiten des Romans (S. 7–9) hinsichtlich der Verwendung sprachlich-stilistischer Mittel und erläutern Sie die Funktion des Romanbeginns für den Gesamttext.

Lösungshinweise

- Es sollten die zahlreichen sprachlichen Symbole (z. B. Geranien, Gewitter, Fischerhaus) benannt und hinsichtlich ihrer Bedeutung erläutert werden.
- Einzugehen ist weiterhin auf die sich schon zu Beginn des Romans abzeichnende Veränderung im Verhältnis von Mutter und Sohn.
- Herausgearbeitet werden sollte, dass die expositorischen Seiten des Romans durch die verwendete sprachliche Symbolik bereits einen Blick auf Franz'

schicksalhafte Entwicklung vorauswerfen und ein unheilvolles Ende andeuten.

Aufgabe 3: Textauszüge interpretieren

Interpretieren Sie Franz' Traumzettel (S. 173, 179 f., 190, 250). Erläutern Sie in diesem Zusammenhang, welche Funktionen den Traumzetteln im Roman zukommen.

Lösungshinweise

- Franz verfasst die knappen und sprachlich verdichteten Traumzettel auf einen Rat Sigmund Freuds hin. In den Zetteln spiegeln sich Franz' Erlebnisse und Befürchtungen. So werden in mehr oder weniger verschlüsselter Form z. B. das Verhältnis zur Mutter, zum verstorbenen leiblichen Vater und zu Anezka thematisiert. Es sollte gezeigt werden, auf welche im Roman vermittelten Ereignisse sich die Träume jeweils beziehen.
- Der Roman schließt mit einem Traumzettel, den Franz kurz vor seiner Verhaftung im Schaufenster der Trafik angebracht hat. Hier wird auch auf die Geranien Bezug genommen, die als symbolische Vorausdeutung auf Franz' Schicksal auch am Beginn des Romans und wiederholt im Text vorkommen.
- Die Traumzettel verweisen auf Sigmund Freuds Methode der Traumdeutung.
- Schließlich bildet der letzte Traumzettel eine Art Ver-

mächtnis des Trafikantenlehrlings. In diesem Zusammenhang kann dieser Zettel als Bild für die zerstörten Träume und letztlich die zerstörte Existenz des Franz Huchel gedeutet werden.

Aufgabe 4: Einen Text interpretieren

Interpretieren Sie den Textauszug, in dem Franz vom Kahlenberg aus auf Wien blickt und über sein Leben reflektiert (»Die Stille und Weite […] Hänge des Kahlenbergs hinunterflog«, S. 197–202).
Gehen Sie dabei auf die erzählerisch-sprachliche Gestaltung sowie thematische Aspekte ein. Erläutern Sie außerdem die Bedeutung des Textauszugs im Gesamtzusammenhang des Romans.

Lösungshinweise

- Franz zieht sich auf den Kahlenberg zurück, nachdem er von Trsnjeks Tod erfahren und den zweiten Brief an die Mutter geschrieben hat.
- Der Kahlenberg als Naturraum und Franz' Naturbeobachtungen zu Beginn der Textpassage stellen einen Bezug zur Heimat im Salzkammergut dar. Aus Franz' personaler Sicht werden die Entwicklungen der zurückliegenden Wochen resümiert. Die mit Naturbeobachtungen einsetzende personale Figurenrede wechselt schnell zur Schilderung der politischen Ereignisse der letzten Zeit. In die personale Rede eingebunden

sind in rascher Folge etliche politische Parolen und Zeitungsmeldungen. Sie vermitteln einen Eindruck von der angespannten Stimmungslage in Wien. Franz überkommt schließlich die Sehnsucht nach Anezka und er fasst den Entschluss, sie im Lokal »Zur Grotte« aufzusuchen.

- Im Textauszug erscheint Franz angesichts von Trsnjeks Tod und der Situation in Wien aufgewühlt. Zugleich agiert er aber auch als gereifter junger Mann, der, vom erhöhten Standpunkt des Kahlenberges aus, die gesellschaftliche Lage Wiens zu überblicken, zu begreifen und kritisch zu beurteilen vermag.

Aufgabe 5: Medienübergreifend arbeiten, einen Sachtext analysieren und materialgestützt schreiben

a) Fassen Sie die Kritik zusammen, die von den Teilnehmern der Sendung *Literaturclub* am 29. Januar 2013 mit Blick auf den Roman *Der Trafikant* formuliert wird (www.srf.ch/sendungen/literaturclub/wolfe-flaubert-stelly-und-seethaler).

b) Nehmen Sie zu den Kritikpunkten Stellung und erläutern Sie unter Einbezug geeigneter Textstellen, inwiefern Robert Seethalers Roman als »erzählte Psychoanalyse« verstanden werden kann.

c) Vergleichen Sie die Kritik des *Literaturclubs* mit der Stellungnahme des Literaturwissenschaftler Wolfgang Griep (*Der Kehlmann-Kanal*) zu Daniel

Kehlmanns Roman *Die Vermessung der Welt*. Welche Gemeinsamkeiten lassen sich in den Kritiken ausmachen? Welche Erwartungen an das Genre des historischen Romans in der Gegenwartsliteratur können aus den literaturkritischen Äußerungen abgeleitet werden?

d) Verfassen Sie auf dieser Grundlage einen Artikel für ein Literaturblog, in dem Sie am Beispiel des Romans *Der Trafikant* unter der Überschrift »Wo sind die Grenzen der Literatur?« über Positionen zum Verhältnis von Literatur und historischer Wirklichkeit schreiben und einen eigenen Standpunkt formulieren. Beziehen Sie hierzu auch weitere Rezensionen des Romans mit ein (siehe Kap. 8, S. 113–119).

Material:

Wolfgang Griep: Der Kehlmann-Kanal
Nachzulesen unter: Zeit Online
(www.zeit.de/online/2007/16/L-Kehlmann).

Der Literaturwissenschaftler Wolfgang Griep setzt sich in seinem Artikel sehr kritisch mit dem erfolgreichen Roman *Die Vermessung der Welt* des deutsch-österreichischen Autors Daniel Kehlmann auseinander, der im Jahr 2005 erschien. Der Roman handelt vom Leben und Schaffen des Naturforschers

Alexander von Humboldt und des Mathematikers Carl Friedrich Gauß. Griep kritisiert vor allem Kehlmanns zahlreiche historische Ungenauigkeiten und Abweichungen von der geschichtlichen Realität, die von der Figurenzeichnung bis zur Darstellung geografischer Räume reichen.

Lösungshinweise

Zu a) Es sollte ausgeführt werden, dass gegen Elke Heidenreichs Lob vor allem die Distanz des Romans zur historischen Person Sigmund Freud und seinem wissenschaftlichen Werk kritisiert wird. Die literarischen Qualitäten des Romans werden zwar positiv angesprochen, aber der Kritik an historischen Ungenauigkeiten untergeordnet. Die Kritiker des *Literaturclubs* lesen den Roman somit vor allem als Erzählung über den historischen Freud, die sie als verfehlt beurteilen.

Zu b) Eingegangen werden kann auf Franz' Interesse an der Psychoanalyse; die Gespräche zwischen Franz und Freud, in denen Freud größtenteils als Zuhörer agiert; die Therapiesitzung mit Mrs. Buccleton, die Thematisierung von Franz' Träumen; die Traumzettel.

Zu c) Gemeinsamkeiten in der literaturkritischen Würdigung beider Romane zeigen sich vor allem in der Betonung der problematischen bzw. fehlerhaften Darstellung historischer Persönlichkeiten und Sachverhalte im literarischen Kontext. Die zur Diskussion stehenden Literaturkritiken werfen somit die Frage auf, in welchen Grenzen sich literarisches Schreiben zu bewegen hat, wenn es auf historische Ereignisse und Personen Bezug nimmt. Als Erwartungshaltung an historische Romane lässt sich aus den diskutierten Stellungnahmen ableiten, dass die fiktionalen Freiheiten der Literatur nicht zur Verzerrung des historisch Faktischen führen sollen. Literatur in diesem Sinne soll, zugespitzt formuliert, ein ›wahres‹ Bild der Vergangenheit vermitteln.

Zu d) Zunächst sollten die textsortenspezifischen Anforderungen an einen journalistischen Text geklärt werden. Aus der Materialsammlung (*Literaturclub*, Kehlmann-Artikel, eigene Ergebnisse der Romananalyse, Romantext, weitere Rezensionen) sind dann geeignete Zitate und Verweise auszuwählen und im Rahmen eines Schreibplans zu ordnen. Auf Grundlage des Schreibplans ist dann der Text auszuformulieren. Es schließt sich eine Überarbeitung an.[30] Einen Schwerpunkt der eigenen Stellungnahme könnte eine kritische Sicht auf die in den Rezensionen zu Seethalers und Kehlmanns Romanen geforderte Differenzierung zwischen Fakt und Fiktion im historischen Roman sein, in die auch Aspekte der aktuellen Medienkultur einbezogen werden können.

30 Siehe für weitere Informationen zum materialgestützten Schreiben: Helmuth Feilke / Katrin Lehnen / Sara Rezat / Michael Steinmetz, *Materialgestütztes Schreiben lernen. Grundlagen – Aufgaben – Materialien. Sekundarstufen I und II*, Braunschweig 2016.

11. Literaturhinweise/Medienempfehlungen

Textausgaben

Robert Seethaler: Der Trafikant. Zürich/Berlin: Kein & Aber, [19]2016. – *Nach dieser Ausgabe wird zitiert.*

Sigmund Freud: Die Traumdeutung [1900]. In: Gesammelte Werke. Bd. 2/3. Hrsg. von Anna Freud. Frankfurt a. M.: Fischer, 1945.

Hörbuch

Der Trafikant. Gelesen von Robert Seethaler. Bochum: Roof Music GmbH / tacheles!, 2014.

Interviews mit Robert Seethaler

Robert Seethaler in der Ö1-Reihe »Gedanken«. ORF Radio-Kultursender Ö1, 7.5.2017. Online nachzuhören unter: www.robert-seethaler.de/#c42

Robert Seethaler im Gespräch mit Anne Otto: Freud kennt sich mit der Liebe auch nicht aus. In: Psychologie Heute 5 (2015). (www.robert-seethaler.de/#c43)

Rezensionen *Der Trafikant*

Papst, Manfred: Sigmund Freud im Tabakladen. In: Neue Zürcher Zeitung am Sonntag, 27.1.2013. http://nzz-files-prod.s3-website-eu-west-1.amazonaws.com/files/5/8/9/BamS_Januar_2013_1.17973589. pdf.

Platthaus, Andreas: Freuds Freund. In: Frankfurter Allgemeine Zeitung, 2.11.2011. (www.faz.net/aktuell/

feuilleton/buecher/rezensionen/belletristik/robert-seethaler-der-trafikant-freuds-freund-11947460.html)

Westermann, Christine: Robert Seethaler – *Der Trafikant.* In: WDR 2 Buchtipp, 9. 12. 2012. (www.christine-westermann.de/seite/aktuelles/2012/12/09/robert-seethaler-der-trafikant/)

Wolfe, Flaubert, Stelly und Seethaler. In: Literaturclub SRF Kultur, 29. 1. 2013. (www.srf.ch/sendungen/literaturclub/wolfe-flaubert-stelly-und-seethaler)

Sekundärliteratur

Alt, Peter-André: Sigmund Freud. Der Arzt der Moderne. Eine Biographie. München 2016.

Bauer, Kurt: Die dunklen Jahre. Politik und Alltag im nationalsozialistischen Österreich 1938–1945. Frankfurt a. M. 2017.

Feilke, Helmuth / Katrin Lehnen / Sara Rezat / Michael Steinmetz, Materialgestütztes Schreiben lernen. Grundlagen – Aufgaben – Materialien. Sekundarstufen I und II. Braunschweig 2016.

Flügge, Manfred: Stadt ohne Seele. Wien 1938. Berlin 2018.

Gansel, Carsten: Moderne Kinder- und Jugendliteratur. Vorschläge für einen kompetenzorientierten Unterricht. Berlin 2010.

Kaulen, Heinrich: Jugend- und Adoleszenzromane zwischen Moderne und Postmoderne. In: 1000 und 1 Buch 1 (1999) S. 4–12.

Sosna, Anette: Adoleszenz und Zeitgeschichte in Robert Seethalers Roman *Der Trafikant.* In: Literatur im Unterricht. Texte der Gegenwartsliteratur für die Schule 1 (2014) S. 53–69.

Zur Biografie

Freud-Handbuch. Leben – Werk – Wirkung. Hrsg. von Hans-Martin Lohmann und Joachim Pfeiffer. Stuttgart 2006. S. 431 f.

Medien

Hinzuweisen ist vor allem auf die Verfilmung des Romans (Regie Nikolaus Leytner), die 2018 in den deutschen Kinos anläuft. Weiterhin vermitteln die auf Youtube abrufbaren Trailer zu verschiedenen Theaterinszenierungen einen interessanten Einblick in unterschiedliche Deutungsweisen des Textes, z. B.:
www.youtube.com/watch?v=VmCuMTJCwpo
(Volkstheater Wien).

Informationen zu Autor, Werk und Interviews präsentiert die Homepage Robert Seethalers:
www.robert-seethaler.de

Anregungen für die Auseinandersetzungen mit dem Roman bieten außerdem zahlreiche Buchbesprechungen, kleine szenische Bearbeitungen von Einzelaspekten und -motiven sowie Buchtrailer des Romans, die sich auf Youtube finden, z. B.:
www.youtube.com/watch?v=5gCUyo2vZHM
www.youtube.com/watch?v=J4ZXDmoEFgM

12. Zentrale Begriffe und Definitionen

Adoleszenzroman: Literarische Form, in der die physiologischen, psychologischen und soziologischen Aspekte des Heranwachsens, meist zwischen dem 12. und 18. Lebensjahr, thematisiert werden. Typische Problembereiche des Adoleszenzromans sind die Ablösung von den Eltern, die Ausbildung eigener Wertvorstellungen, das Erleben erster sexueller Kontakte, das Entwickeln eigener Sozialbeziehungen sowie das Hineinwachsen oder Ablehnen einer vorgegebenen sozialen Rolle.

➤ S. 7, 10, 59–64, 76

Analepse: Erzählerische Rückwendung zu einem Ereignis, das nach der chronologischen Reihenfolge der *story* eines literarischen Textes bereits vergangen ist.

➤ S. 67

Auktorialer Erzähler: Ein Erzähler, der außerhalb der erzählten Welt steht und keinen perspektivischen Wissensbeschränkungen unterworfen ist.

➤ S. 7, 64, 68 f., 74, 86, 88, 90

Erzählperspektiven: Vermittlungsformen erzählerischer Rede in literarischen Texten, die sich in Anlehnung an das erzähltheoretische Modell F. K. Stanzels in auktoriale, personale und Ich-Perspektive differenzieren lassen.

➤ S. 7

Figur: In einem literarischen Text dargestellte Gestalt, über deren Innenwelt, Vergangenheit und Zukunft der Leser je nach erzählerischer Perspektive mehr oder weniger erfahren kann.

➤ S. 26–58

Fiktionalität: Als fiktional werden Texte bezeichnet, die keinen Anspruch darauf erheben, an der außersprachlichen Wirklichkeit überprüfbar zu sein.

➤ S. 119

Historischer Roman: Romangenre, in dem eine teilweise fiktive Handlung als Teil eines historischen Geschehens erzählt wird.

➤ S. 61, 64, 118 f.

Gegenwartsliteratur: Unterschiedlich gebrauchter Begriff, mit dem ein Teilbereich belletristischer Literatur bezeichnet wird. Verbreitet ist die Verwendung des Begriffs zur Bezeichnung literarischer Neuerscheinungen der letzten Jahre innerhalb eines Sprachraums (z. B. deutschsprachige Gegenwartsliteratur).

➤ S. 113, 119, 122

Gleichschaltung: Ein im Nationalsozialismus entstandener Begriff, der die einheitliche Ausrichtung von Organisationen, Institutionen, Parteien, Verbänden und Medien auf die nationalsozialistische Politik und Ideologie bezeichnet.

➤ S. 37, 53, 85, 95

Nationalsozialismus: Politische Bewegung in Deutschland, die durch eine radikal antisemitische, rassistische, antikommunistische und antidemokratische Ideologie geprägt war.

➤ S. 10, 21, 36, 64, 81

Personaler Erzähler: An die Perspektive einer oder mehrerer Figuren gebundener Erzähler, dessen Wissen im Unterschied zum auktorialen Erzähler begrenzt ist.

➤ S. 7, 64, 68 f., 90

Prolepse: Erzählerische Vorwegnahme, durch welche die

chronologische Reihenfolge der erzählten *story* für einen Blick auf ein in der Zukunft liegendes Ereignis unterbrochen wird.

➤ S. 67

Psychoanalyse: Eine von Sigmund Freud ab den 1890er Jahren entwickelte psychologische Theorie und therapeutische Behandlungsform, die sowohl in der Psychologie wie in anderen Bereichen von Wissenschaft, Gesellschaft und Kultur im 20. Jahrhundert großen Einfluss ausübten.

➤ S. 42 f., 45, 47, 76–79

Rezeption: Aufnahme literarischer Werke durch ein Publikum; im engeren Sinne Wahrnehmung eines Werks in Wissenschaft und Medien. Zeugnisse der Rezeption literarischer Texte sind beispielsweise Rezensionen in Tageszeitungen oder im Internet.

➤ S. 26, 78 f., 113–123

Symbol (literarisches): Bildhaftes Zeichen in literarischen Texten, das über sich selbst hinaus auf einen höheren, geistigen Bedeutungszusammenhang verweist. Die Beziehung zwischen Bild und Bedeutung im Symbol ist in der Regel nicht rational auflösbar, sondern muss auf der Grundlage eines gemeinsamen kulturellen Hintergrunds verstanden werden.

➤ S. 39, 51, 62, 70–74, 80, 87, 104

Traumdeutung: a) 1899 erschienenes, aber auf 1900 vordatiertes Werk Sigmund Freuds, in dem er einen Zusammenhang zwischen Träumen und individueller Lebensgeschichte erläutert; b) psychologische Methode zur Deutung von Träumen als Ausdruck persönlicher Erfahrungen.

➤ S. 42, 48, 72 f., 77 f.